Politiques du faire-monde

Du même auteur

AUX MÊMES ÉDITIONS

Les Formes du visible
Une anthropologie de la figuration
Seuil, « Les livres du nouveau monde », 2021
Points, « Points Essais », 2023

Ethnographie des mondes à venir
(avec Alessandro Pignocchi)
Seuil, « Anthropocène », 2022
Points, « Points Terre », 2025

PHILIPPE DESCOLA

Politiques du faire-monde

Une contribution anthropologique à la cosmopolitique

ÉDITIONS DU SEUIL
57, rue Gaston-Tessier, Paris XIXe

Ce livre est publié dans la collection
« Les Livres du nouveau monde »
dirigée par Pierre Rosanvallon

L'origine de ce texte est issue des Tanner Lectures, conférences organisées par l'université de Californie à Berkeley.

ISBN 978-2-02-156044-2

www.seuil.com

Introduction

L'anthropologie : une science révolutionnaire ?

En janvier 1937, entre deux séjours de terrain dans l'intérieur du Brésil, Claude Lévi-Strauss revient brièvement à Paris où il donne une conférence à un groupe de militants dans un centre de formation de la Confédération générale du travail (CGT), alors le principal syndicat français. Le titre de sa conférence, « L'ethnographie : une science révolutionnaire », peut surprendre, compte tenu de sa position politique plus tiède par la suite[1]. Cependant, il ne faut pas oublier que, jusqu'à son départ pour le Brésil deux ans auparavant, Lévi-Strauss avait été une figure éminente du parti socialiste (SFIO) et était encore, au moment de la conférence, un intellectuel marxiste hétérodoxe. Le terme « révolutionnaire » était donc utilisé dans son sens politique le plus strict et était compris comme tel

1. La conférence a été récemment publiée avec une autre, donnée bien plus tard, dans Claude Lévi-Strauss, 2016.

par ses auditeurs. En quel sens l'ethnographie pouvait-elle être considérée comme révolutionnaire ? Selon Lévi-Strauss – et la plupart des anthropologues seraient d'accord avec lui –, le regard éloigné, la perspective acquise par quelqu'un qui a vécu longtemps immergé dans les valeurs et les institutions d'une culture très différente de la sienne, aiguise le regard critique. Lorsque les ethnographes retournent dans leur pays et leur milieu social, ils prennent conscience, par contraste, de tout ce qui ne va pas dans les sociétés modernes qu'ils retrouvent : inégalités économiques et exploitations flagrantes, mercantilisation de tous les aspects de la vie quotidienne, dévastation incessante de la Terre… C'est pourquoi l'anthropologie occupe une place très particulière parmi les sciences sociales. Alors que la sociologie ou l'histoire révèle les forces sociales (relations de classe et de genre, habitus culturel, tendances nationales…) qui exercent depuis toujours sur nous une action causale en façonnant nos comportements et nos préférences, l'anthropologie déploie son effet critique en nous faisant découvrir d'autres manières de vivre la condition humaine et en éveillant en nous la potentialité d'être humain d'une manière dont nous ignorions l'existence. Comme l'a souligné Ghassan Hage, l'anthropologie manifeste ainsi une causalité qui lui est propre, non pas en révélant des déterminations précédemment ignorées, mais en suggérant des alternatives jusqu'alors insoupçonnées à l'état présent des choses[1].

Traditionnellement, les mouvements révolutionnaires et émancipateurs, en particulier ceux inspirés par le

1. Ghassan Hage, 2012.

marxisme-léninisme, ont utilisé les outils de la sociologie, de l'histoire ou de l'économie hétérodoxe pour dénoncer les situations d'inégalité et de domination, car ces outils sont les plus efficaces pour soutenir les actions contre divers types de pouvoirs économiques et politiques oppressifs. Cependant, en une période de bouleversement cosmologique, comme celle dans laquelle nous sommes plongés en raison du déséquilibre croissant du système de la Terre déclenché par le capitalisme, l'impératif de concevoir des modes de vie alternatifs sur notre planète et de cohabiter avec tous ses habitants, humains ou non, impose un effort d'imagination gigantesque pour conceptualiser de nouvelles façons de partager les mondes variés que divers collectifs se sont composés. Au-delà de la nécessaire critique de l'actuel mode de relation destructeur, au-delà des formes bien établies de la politique-*contre* dirigée contre le capitalisme, une *alter*-politique devient tout à fait d'actualité, car nous avons un besoin urgent de concevoir des relations entièrement nouvelles entre une plus grande variété d'agents, quel que soit leur statut ontologique.

Mais devenir radicalement étranger à nous-mêmes en découvrant ailleurs de nouvelles façons d'être humain ne représente qu'une partie du chemin ; ou plutôt, cela ne fait qu'apporter l'impulsion initiale dans une odyssée réflexive qui comporte de nombreuses étapes. Une étape fondamentale à laquelle cet ouvrage sera consacré consiste à prendre conscience que les outils descriptifs et conceptuels que nous utilisons pour rendre compte de politiques alternatives, et même d'autres façons de se rapporter à nos semblables et aux autres habitants de la Terre, sont intrinsèquement imparfaits car ils ont été initialement conçus en référence à la seule sphère sociale européenne. S'altérer soi-même, afin d'être plus accommodant envers les autres, implique donc une refonte majeure de l'appareil mental que nous utilisons pour décrire et analyser l'altérité. Cela implique également d'aller à l'encontre de la tendance actuelle à l'anti-altérisation. Au lieu de poser implicitement comme un modèle universel de la nature humaine une sorte d'ectoplasme ressemblant à un boutiquier provincial euro-américain, tartufe et égoïste, pourquoi ne pas admettre que les humains du monde entier composent des mondes de différentes manières, que ces mondes, malgré les politiques de « dialogue entre les cultures » de l'Unesco, coïncident rarement parce qu'ils sont fondés sur des principes différents et produits à travers des filtres ontologiques différents. En bref, pourquoi ne pas admettre que, en citant Gabriel Tarde, « exister, c'est différer[1] » ?

Et pourquoi en est-il ainsi ? D'où vient le processus de filtrage différentiel qui amène certains humains à sélectionner ou à négliger certaines propriétés des objets et des relations comme matière à réflexion et vecteur d'action, tandis que d'autres humains en sélectionnent et en négligent d'autres ? Une première réponse est apportée par ce que le philosophe des sciences Geoffrey Lloyd a appelé la « multidimensionnalité des phénomènes[2] ». Cette propriété est un *locus classicus* en philosophie depuis que Boyle et Locke l'ont popularisée

1. Gabriel Tarde, 1999 [1893], p. 72.

2. Geoffrey E.R. Lloyd, 2010 ; voir mon commentaire de l'article de Lloyd que j'ai en partie réutilisé ci-dessous pour alimenter mon argument sur la « mondiation » : Philippe Descola, 2010.

sous couvert d'une distinction entre qualités primaires et secondaires : les premières – mouvement, masse, forme... – sont dites intelligibles, séparables et en grande partie calculables ; tandis que les secondes – couleur, son, résistance au mouvement... – sont l'objet de ce que Claude Lévi-Strauss a appelé la « logique du concret », la capacité de l'esprit humain à établir des relations de correspondance et d'opposition entre les caractéristiques saillantes de notre environnement perçu. De toute évidence, traiter les dimensions d'un phénomène où seules ses qualités dites primaires sont jugées pertinentes aboutira très probablement à des propositions relevant d'un régime universaliste, tandis que traiter les impressions qu'il laisse sur nos sens ouvrira de nombreuses possibilités d'inférences et de connexions relatives aux contextes personnels et locaux.

Cependant, il existe une autre raison aux manières très diverses, en général qualifiées de « culturelles », de rendre compte différemment du monde malgré un équipement cognitif et sensorimoteur commun à toute l'humanité. J'ai choisi d'appeler cela des « formes de mondiation », autrement dit des « manières de faire monde ». La « mondiation », c'est-à-dire la stabilisation de certaines caractéristiques de ce qui nous arrive – pour reprendre une définition wittgensteinienne[1] –, dépend de la prédication ontologique[2].

1. « *Die Welt ist alles, was der Fall ist* » (« Le monde est tout ce qui est le cas »), proposition n° 1 de l'*Abhandlung logisch-philosophische* de Ludwig Wittgenstein (Vienne, 1922).

2. Il apparaîtra plus clairement par la suite que je ne prends pas le mot « mondiation » (*worlding* en anglais) dans le sens que lui ont donné les

L'opposition traditionnelle entre le monde en tant que totalité des choses et les multiples mondes de la réalité vécue est trompeuse, bien qu'elle soit devenue un principe fondamental de l'épistémologie moderniste. Je pense plutôt que ce qui existe, indépendamment de nous, n'est pas un monde complet et autonome en attente d'être représenté ou expliqué selon différents points de vue, mais, très probablement, un grand nombre de qualités et de relations qui peuvent être actualisées ou non par les humains, en eux-mêmes et en dehors d'eux, selon la manière dont ces humains réagissent à certains choix ontologiques fondamentaux. Les objets matériels et immatériels de notre environnement ne résident pas dans le ciel des idées éternelles, prêts à être saisis – aussi imparfaitement que ce soit – par nos facultés, et ce ne sont pas non plus de simples constructions sociales donnant forme et sens à une matière brute ; ils ne sont que des ensembles de propriétés, dont certaines sont détectées et d'autres ignorées. La variété des formes de mondiation vient du fait que cette actualisation différentielle des propriétés ne se fait pas au hasard, mais suit la ligne des inférences de base sur la façon dont les qualités sont réparties entre les objets que nous appréhendons et sur la façon dont ces qualités sont liées. Il me semble que cette épistémologie rustique, fondamentalement humienne, est suffisamment cohérente et plausible aux yeux d'un non-philosophe comme moi pour

auteurs postmodernes et postcoloniaux qui l'ont forgé, c'est-à-dire comme une construction sociale de la réalité par des Occidentaux hégémoniques. C'est néanmoins un mot utile et je ne vois pas pourquoi son usage devrait être limité à celui que lui ont accordé ses inventeurs.

fournir une base générale à la tâche anthropologique qui consiste à tenter de donner un sens aux multiples façons dont les humains décrivent le monde et ce qu'ils y font[1]. Et afin de clarifier l'idée que la variété des façons de faire monde résulte d'une variété de régimes ontologiques, il peut être opportun ici d'énoncer sans ambiguïté ma vision de la tâche anthropologique que je viens d'évoquer[2].

L'anthropologie en tant qu'entreprise comparative

Mon point de départ est que la tâche principale de l'anthropologie, plutôt négligée ces derniers temps, n'est pas de fournir des « descriptions denses » d'institutions, d'habitudes culturelles ou de pratiques sociales spécifiques (c'est le travail de l'ethnographie) ; elle est de mettre en lumière ce qui constitue les styles distinctifs de l'action et de la pensée humaines, de comprendre leurs modes de combinaison et de cartographier leur distribution[3]. Ces styles d'action doivent être entendus comme des schèmes cognitifs et sensorimoteurs de pratique, en partie innés, en partie résultant du processus même d'interactions entre les organismes, c'est-à-dire des

1. Mon interprétation de David Hume est largement redevable à celle de Gilles Deleuze, 1953.

2. Ce qui suit est basé sur certains des arguments développés dans Philippe Descola, 2005.

3. L'anthropologie peut être pratiquée par des ethnographes et l'ethnographie par des anthropologues, mais leurs objectifs et leurs méthodes ne doivent pas être confondus.

manières pratiques d'intégrer le soi à autrui dans un environnement donné. Ces schèmes cognitifs régulent les habitus, guident les inférences, filtrent les perceptions et sont en grande partie le produit des « prises » que le monde offre à l'esprit et aux dispositions physiques spécifiquement humains. Une fonction fondamentale de ces schèmes est de conférer des identités en regroupant ou en dissociant des éléments du monde vécu qui semblent avoir des qualités similaires ou dissemblables. Mon argument est que l'une des caractéristiques universelles de l'esprit humain dans laquelle ces dispositions sont enracinées est la conscience d'une dualité entre les processus matériels (que j'appelle « physicalité ») et les états mentaux (que j'appelle « intériorité »). Cette hypothèse est dérivée d'études en psychologie cognitive[1] et de la littérature anthropologique sur la conception de la personne[2], sans parler de la philosophie[3]. En utilisant cette grille universelle, les humains sont en mesure de mettre en avant ou de minimiser la continuité et la différence entre les humains et

1. En particulier en psychologie du développement ; pour une bonne synthèse, voir Paul Bloom, 2004.

2. Notamment le fait que, jusqu'à ce que les théories physicalistes occidentales de la fin du XXe siècle expliquent la conscience comme une propriété émergente des fonctions biologiques, il n'existait pas de cas d'une conception qui envisagerait la personne humaine vivante normale comme un pur corps physique dépourvu de toute forme d'intériorité, ou comme une pure intériorité dépourvue de toute forme d'incarnation.

3. Par exemple, l'idée d'Edmund Husserl selon laquelle, si les humains essaient de faire l'expérience d'une forme quelconque de non-soi en écartant le monde institué et tout ce qu'il signifie pour eux, les seules ressources dont ils peuvent se prévaloir sont leur corps et leur intentionnalité ; voir Edmund Husserl, 1959, p. 61-64.

les non-humains. Ainsi, sur l'axe de la physicalité, on peut soit percevoir tous les corps physiques comme fondamentalement régis par des principes « naturels » identiques, soit être conscient de leurs différences et en déduire que ce qui distingue les différents types d'entités est précisément les corps qu'elles habitent. De même, sur l'axe de l'intériorité, on peut percevoir une continuité (tous les êtres sont en capacité de manifester une forme d'intentionnalité) ou, au contraire, être sensible aux discontinuités (les humains forment une classe à part en raison de leur intériorité distinctive).

Il en résulte un quadruple schéma de modes d'identification, c'est-à-dire de systèmes de qualités détectées dans les objets, que j'ai nommés « animisme », « totémisme », « naturalisme » et « analogisme ». Ces filtres ontologiques qui structurent le processus de mondiation sont des moyens d'identifier les êtres au sens où l'entend Marcel Mauss lorsqu'il écrit que « l'homme s'identifie aux choses et identifie les choses à lui-même en ayant à la fois le sens des différences et des ressemblances qu'il établit[1] ». Il convient de traiter ces modes d'identification comme des configurations cognitives et sensorimotrices, incorporées et développées au cours de la socialisation dans un milieu physique et social particulier, configurations qui fonctionnent comme des dispositifs de schématisation de nos pratiques, intuitions et perceptions sans mobiliser un savoir discursif. En d'autres termes, c'est ce type de mécanisme qui nous permet de reconnaître certaines choses comme significatives et d'en ignorer d'autres,

1. Marcel MAUSS, 1969, p. 130.

de relier des séquences d'actions de manière irréfléchie, d'interpréter les événements et les énoncés d'une certaine manière, de canaliser nos inférences sur les propriétés des objets de notre environnement. Ainsi, l'*animisme* confère aux autres qu'humains la même intériorité qu'aux humains, mais soutient que les humains et les autres qu'humains se différencient par les corps qu'ils habitent. Il est très répandu parmi les populations autochtones d'Amazonie, du nord de l'Amérique du Nord, du nord de la Sibérie et de certaines régions d'Asie du Sud-Est et de Mélanésie, qui soutiennent que les animaux, les plantes et même les objets inanimés ont une intentionnalité semblable à celle des humains, logée dans un vêtement corporel mobile qui détermine néanmoins, en raison de ses caractéristiques anatomiques, le type de monde auquel ils ont accès et la façon dont ils le voient. Le *totémisme* n'est pas ici pris au sens popularisé par Lévi-Strauss d'un dispositif classificatoire universel utilisant les discontinuités naturelles pour signifier la segmentation sociale[1], mais plutôt comme une ontologie qui met l'accent sur la continuité entre les humains et les non-humains, tant sur l'axe de la physicalité (substances communes) que sur celui de l'intériorité (essences communes). Les cultures aborigènes australiennes en sont le meilleur exemple, où l'on présume que des espèces végétales et animales spécifiques partagent avec des groupes d'humains un ensemble identique de qualités essentielles, mais qui diffère de celui d'autres groupes de même nature. La référence pour la classe totémique n'est pas un objet naturel spécifique

1. Claude Lévi-Strauss, 1962.

auquel on s'identifie, ni une relation entre des objets naturels utilisée comme gabarit pour penser une relation entre des groupes humains, mais un ensemble de qualités morales et physiques précisément définies, généralement regroupées sous le nom d'une propriété globale qui sert de taxon pour nommer le totem, le plus souvent un animal. Le *naturalisme* est le miroir opposé de l'animisme et caractérise le monde moderne et la pensée occidentale. Il insiste sur les différences entre les humains et les autres sur l'axe de l'intériorité : seuls les humains sont censés avoir une identité réflexive significative, qu'elle soit individuelle (esprit, capacité à symboliser) ou collective (*Volksgeist*, cultures). En revanche, clairement depuis Descartes, et encore plus nettement depuis Darwin, les humains et les autres qu'humains sont liés par leur physicalité commune : ils appartiennent à un continuum où s'appliquent les mêmes lois de la physique, de la biologie et de la chimie. Enfin, l'*analogisme* suppose des discontinuités sur les deux axes, reconnaissant des microdifférences entre les composantes du monde à un niveau infra-individuel, mais établissant divers types de correspondances (d'où le terme « analogisme ») entre ces éléments hétérogènes afin de les tisser dans un continuum apparemment homogène. L'analogisme a été l'ontologie dominante en Europe de l'Antiquité à la Renaissance, et il est encore extrêmement courant ailleurs : en Chine et en Inde, en Afrique de l'Ouest ou parmi les cultures indigènes du Mexique et des Andes.

Ces différentes manières de détecter et de mettre en évidence des plis dans notre entourage ne doivent pas être considérées comme une typologie de « visions du monde » étroitement isolées, mais plutôt comme des développements des conséquences phénoménologiques de quatre types différents d'inférences sur les identités des entités avec lesquelles nous devenons familiers. Selon les circonstances, chaque humain peut faire l'une des quatre inférences, mais il est plus probable qu'il ou elle émette un jugement d'identité en fonction du contexte ontologique – c'est-à-dire la systématisation pour un groupe d'humains de l'une des inférences seulement – dans lequel il ou elle a été socialisé. Bien que la plupart de mes lecteurs soient probablement des naturalistes, ils peuvent néanmoins se comporter occasionnellement comme des animistes, lorsqu'ils parlent à leur chat, leur chien ou leur voiture comme s'ils pouvaient ainsi établir une sorte de relation intersubjective avec eux ; ou ils peuvent occasionnellement se comporter comme des analogistes s'ils consultent leur horoscope dans un journal, s'attendant ainsi, peut-être sans conviction, à ce qu'il puisse exister une sorte de correspondance entre le macrocosme et le microcosme ; ou ils peuvent se comporter comme des totémistes lorsqu'ils pensent fugitivement que tous les composants humains et non humains d'un lieu spécifique dont ils sont originaires sont si idiosyncrasiques qu'ils forment une sorte de classe à part. Mais aucune de ces actions ne fera d'eux des animistes, des analogistes ou des totémistes à part entière car, la plupart du temps, ils ne pensent pas que les animaux, les plantes ou les montagnes sont des personnes dotées d'une sorte d'humanité intérieure avec lesquelles des relations sociales peuvent être établies ; ils ne pensent pas qu'une physique des qualités sensibles est supérieure à une physique quantitative ; ils ne pensent pas que leurs identités sont fusionnées avec celle d'un taureau ou d'un aigle.

Des ontologies rencontrées dans certaines parties du monde illustrent tel ou tel mode d'identification sous une forme très pure (en Amazonie, en Australie ou dans la Chine ancienne, par exemple) ; néanmoins, la situation la plus courante est peut-être celle de l'hybridité, où un mode d'identification dominera légèrement un autre, ce qui donnera lieu à une diversité de combinaisons complexes. La typologie quadripartite que j'ai proposée doit donc être considérée comme un outil heuristique plutôt que comme une méthode de classification des sociétés. Il s'agit toutefois d'un outil utile, car il met en lumière les raisons de certaines des régularités structurelles observables dans la manière dont le monde phénoménal est institué (les « styles » culturels) et des compatibilités et incompatibilités entre ces régularités, deux tâches anthropologiques fondamentales qui ont été trop rapidement écartées et donc laissées à la merci d'approches naturalistes grossières.

Bien que les qualités et les relations potentielles offertes à la cognition et à l'action humaines soient très probablement les mêmes partout, une fois que le processus de mondiation commence, à la naissance, certaines de ces qualités et relations seront distinguées, d'autres ignorées. Le résultat de ce processus sélectif n'est pas une « vision du monde », c'est-à-dire une version parmi d'autres de la même réalité transcendante ; le résultat est un monde à part entière, un système de propriétés partiellement actualisées, saturé de sens et gorgé de puissance d'agir, mais qui chevauche en partie d'autres systèmes similaires qui ont été actualisés et institués différemment par des personnes différentes. De plus, la mondiation est très efficace en raison d'un effet de rétroaction : la prédication ontologique est ce qui stabilise un monde, mais les jugements ontologiques particuliers que l'on entretient sont également largement contraints par le degré auquel ils contribuent à cette stabilisation. Tous ces mondes, y compris ceux, très personnels, des grands artistes ou des psychopathes, sont des variantes, ou des instanciations limitées, de potentialités qui n'ont jamais été, et ne seront probablement jamais, pleinement intégrées dans un monde unique et unifié. En tant que rêve de totalisation parfaite, le réalisme au sens plein, qu'il soit souhaitable ou non, semble hors de portée ; le relativisme, en revanche, est facilement accessible mais autodestructeur puisqu'il présuppose le fond universel dont chaque version serait une représentation partielle. Par conséquent, pour un anthropologue du moins, les deux principes fondamentaux d'une épistémologie naturaliste – l'universalité de la nature par opposition à la relativité de la culture – devraient être considérés comme reflétant un stade obsolète des sciences sociales[1].

Si l'altérité évidente et les différences manifestes dans le traitement de réalités multiples doivent être comprises en

1. Je suis loin d'être le seul à avoir ce genre de point de vue, heureusement. Pour une formulation similaire du glissement ontologique vers un plurivers, voir, entre autres, Bruno Latour, 2007 et Eduardo Viveiros de Castro, 2009 ; pour une critique précoce et remarquablement lucide de la dimension ethnocentrique du concept de société, voir Eric R. Wolf, 1988.

termes de diverses formes de mondiation, et si ces dernières ne sont pas de simples perspectives culturelles projetées sur une nature unitaire, alors tout l'appareil conceptuel moderniste au moyen duquel nous décrivons les « institutions sociales » et leurs mécanismes doit être révisé. On tentera cette reformulation dans les pages suivantes, d'abord en faisant le point sur la façon dont les collectifs extramodernes envisagent les types d'assemblages qu'ils forment avec ou en opposition à des partenaires autres qu'humains, puis en examinant comment ces collectifs parviennent à articuler toutes leurs composantes dans une variété de systèmes cosmopolitiques plus larges qui ne distinguent pas entre un domaine social centré sur l'humain et tout ce qui l'entoure. La relation à la terre est particulièrement cruciale pour appréhender ces alterpolitiques extramodernes, car elle prend rarement la forme aréale et souveraine du territoire que les Européens connaissent depuis la paix de Westphalie. Enfin, et puisque la constitution moderniste – une nature, plusieurs cultures – ne correspond plus guère au nouveau régime climatique que le capitalisme a engendré – une combinaison de déterminations « naturelles » et « sociales » opérant conjointement sur le système Terre –, il est nécessaire d'envisager quel type d'ontologies postnaturalistes peut être conceptualisé afin de répondre au défi actuel et prévisible dès à présent de vivre sur la seule planète dont nous disposons. Décoloniser les concepts des sciences sociales (et du langage courant) en s'inspirant de, et en s'appuyant sur, la façon dont les anciens ou les actuels peuples colonisés envisagent leurs modes d'assemblage pourrait peut-être, en fin de compte, éviter la catastrophe que nous, les Modernes, avons imposée à tous. À tout le moins, ne pas tenter de le faire serait politiquement immoral et irresponsable, ce qui alourdirait la responsabilité que nous, les Modernes, avons collectivement encourue en laissant le naturalisme former le terreau cosmologique du capitalisme.

1.

Alterpolitique

Les sciences sociales ont conquis leur autonomie au XIXe siècle par le biais d'un Yalta ontologique. Les philosophes ont alors pris conscience qu'il était possible, voire nécessaire, de rendre compte de la diversité des pratiques et des institutions humaines, et donc de la contingence des usages du monde, dans la mesure où les lois décrivant le fonctionnement physique de ce même monde garantissaient son homogénéité. Reconnaître et ordonner la diversité chatoyante des manières d'être, de parler et de produire sous l'égide des nouvelles sciences ne pouvait donc pas mettre en péril l'universalité des propriétés du monde telles que déterminées par les sciences de la nature. Dissocié des conventions humaines depuis la révolution mécaniste, l'univers physique devenait le fond sur lequel les particularités des civilisations pouvaient être plus clairement perçues. Le relativisme culturel, ce principe de méthode selon lequel les valeurs d'une culture ne peuvent servir de modèle à une autre, est ainsi devenu légitime et fécond, dans la mesure où il était entendu que si chaque culture avait sa propre vision de la nature, celle-ci était partout constituée des mêmes réalités manifestant des régularités rassurantes, connaissables par des méthodes éprouvées et réductibles à des lois immanentes. Chaque culture, sauf celle de l'Occident, bien sûr, celle qui a été engendrée par la modernité avant même que nous ayons pensé à l'appeler culture, puisqu'elle avait inventé la science et sa condition de possibilité, à savoir l'universalisme naturel.

Heinrich Rickert est l'un de ceux qui, au tournant du XXe siècle, ont le plus clairement formulé cette grande fracture entre une Nature aux propriétés universelles et des cultures marquées du sceau du singulier. En distinguant les objets dénués de sens dont l'existence est déterminée par des lois générales, et les objets que nous appréhendons dans leur particularité en vertu de la valeur contingente qui leur est attachée, Rickert a transformé le dualisme métaphysique de Descartes en un dualisme méthodologique bien plus efficace : presque toute réalité pouvait être appréhendée sous l'un ou l'autre de ses aspects, selon qu'elle était prise indépendamment de toute intention subjective, ou selon les désirs et les usages de ceux qui l'ont produite ou qui ont à faire avec elle. Mais une telle clarification s'est payée d'une division épistémologique inflexible entre deux champs d'investigation et deux modes de connaissance devenus parfaitement hétérogènes, une séparation sans doute plus rigoureuse que celle résultant de la simple subsomption des entités du monde sous deux régimes d'existence indépendants : une fracture épistémologique s'est substituée à une fracture ontologique. Entre les humains et les autres qu'humains, la discontinuité radicale de la transcendance n'existait plus, ni les ruptures introduites par la mécanisation du monde ; c'est à nos yeux seulement qu'ils sont différenciés et selon la manière dont nous choisissons de les objectiver ; car, comme l'écrit Rickert, « l'opposition entre nature et culture, pour autant qu'il s'agisse d'une distinction entre deux groupes d'objets réels, est véritablement le fondement de la division des sciences particulières[1] ». En somme, l'opposition n'est pas dans les choses ; elle est construite par l'appareil qui permet de les discriminer, un appareil qui est devenu de plus en plus efficace à mesure que les sciences sociales et humaines, abandonnant la spéculation sur les origines au profit des investigations empiriques, ont commencé à prouver leur légitimité en accumulant des connaissances positives.

Bien que beaucoup peinent encore à l'admettre, cet arrangement a fait son temps. Nous avons progressivement pris conscience que le grand partage lui-même est relatif, que la division du monde qu'il a créée n'est en aucun cas universelle, ni même proprement scientifique, puisqu'elle aboutit à ériger une cosmologie historiquement contingente, le naturalisme moderne, en modèle pour toutes les autres. De plus en plus de voix critiques s'élèvent pour dénoncer le fait que le monde que les Européens ont composé a été illégitimement considéré comme une donnée universelle de l'expérience, entraînant subrepticement un ensemble d'hypothèses

1. Heinrich RICKERT, 1997 [1899], p. 46 de l'édition française.

injustifiées – ainsi de l'opposition entre nature et culture – comme si celles-ci avaient été prédéterminées par la texture et la structure des choses. Certes, les sciences sociales n'ont pas considéré les cultures extramodernes du passé et du présent comme des analogues complets de la culture moderne – cela aurait été très improbable. Elles les ont vues – et les voient encore en grande partie – à travers le prisme d'une partie seulement de notre propre cosmologie, comme autant d'expressions singulières de la Culture en contraste avec une Nature unique et universelle ; des cultures très diverses, donc, mais toutes conformes au canon de ce que nous entendons par cette double abstraction. Parce qu'il est ancré dans nos habitudes, cet ethnocentrisme est très difficile à éradiquer, même pour les anthropologues. À leurs yeux et jusqu'à récemment, comme l'a si bien dit Roy Wagner, les cultures périphériques de l'Occident moderne « ne contrastent pas avec notre culture, ni ne lui offrent de contre-exemples, en tant que système total de conceptualisation, mais invitent plutôt à des comparaisons en tant qu'"autres manières" de traiter de ***notre propre réalité***[1] ».

Car c'est évidemment en anthropologie que l'on a d'abord ressenti les conséquences néfastes de l'emploi d'une constitution dualiste pour décrire des mondes qui ne le sont pas. Dire des peuples d'Amazonie ou de Nouvelle-Guinée que leurs sociétés sont proches de la nature, comme on le lit encore trop souvent, n'a littéralement aucun sens, puisque

1. Roy Wagner, 1981 [1975], souligné par l'auteur, ma traduction, p. 142.

la nature n'existe pas pour eux comme une réalité séparée et qu'ils ne conçoivent pas l'assemblage d'humains et d'autres qu'humains au sein duquel ils vivent comme une « société » au sens que la philosophie politique européenne, puis la sociologie et le langage courant, ont progressivement donné à cette notion. C'est pour cette raison qu'il nous faut constamment approfondir le travail de critique et de relativisation des concepts utilisés dans les sciences sociales. Les concepts clés de ces disciplines, tels que « culture », « nature », « société », « histoire », « économie », « politique », « religion », « art », ont permis d'éclairer la condition collective des Européens et de mettre des mots sur certaines des réalités qui prenaient une autonomie perceptible du début du XVIIIe siècle à la fin du XIXe, période cruciale au cours de laquelle se sont forgés nombre des concepts qui ont permis à l'Europe de se définir réflexivement comme un ensemble de collectifs humains engagés dans un processus historique commun. Ces concepts sont donc tout sauf transhistoriques : ils sont le produit d'une histoire sociale et culturelle très singulière, celle de cette péninsule à l'extrême ouest du continent asiatique que nous appelons l'Occident. Intrinsèquement liés au destin sociopolitique de l'Europe moderne, ces concepts ont néanmoins été réutilisés par les sciences sociales pour décrire et expliquer les sociétés non européennes, comme si leur validité descriptive était universelle. Cependant, cette conviction complaisante selon laquelle nos sociétés pourraient servir de modèle à toute forme d'association était en fait liée à l'idéologie évolutionniste, dominante à cette époque, qui considérait que tous les groupes humains étaient destinés à passer par les mêmes étapes et peut-être un jour – avec l'aide de la colonisation – à devenir des « sociétés » comme celles que l'on trouve en Europe, avec le même type d'institutions, le même type de séparation entre les appareils économiques, politiques et idéologiques. Avant que ce moment n'advienne, les « sociétés sauvages » ne sauraient être considérées autrement que comme des esquisses maladroites dans lesquelles l'ethnologie naissante pouvait néanmoins discerner la forme encore diffuse de leur accomplissement futur.

Nous sommes ici face à un paradoxe constitutif de l'anthropologie moderne : l'eurocentrisme des concepts qu'elle emploie, parfois revendiqué de manière militante par certains de ses praticiens comme une garantie de scientificité au nom d'un universalisme positiviste dont leur discipline serait la gardienne vigilante, cet eurocentrisme signale au contraire une amputation du principe du relativisme que l'ethnologie avait mis en œuvre depuis le début du XXe siècle. Le relativisme, compris comme une méthode – et non comme une règle morale –, que la première génération d'ethnographes de terrain avait développé, consistait simplement à ne pas prendre les valeurs et les institutions de l'observateur comme modèle pour calibrer les valeurs et les institutions de l'observé. L'ethnologie a suivi ce principe de manière assez efficace, par exemple, lorsqu'elle a décrit et analysé les systèmes de parenté et les formes d'organisation familiale, les types d'échange de biens et de services, les théories de la personne ou les façons de classer les plantes et les animaux. Dans tous ces cas, les institutions ou les concepts tels que la famille hétérosexuelle monogame européenne, le marché capitaliste, la conception cartésienne de la relation entre le corps en tant que *res extensa* et l'esprit en tant que *res cogitans*, ou la classification linnéenne des objets naturels n'ont pas été considérés comme des invariants anthropologiques.

Cependant, ce principe de relativisme méthodologique, s'il a été efficacement employé dans l'étude comparative de domaines tels que la parenté, la circulation des richesses, l'ontogenèse ou la connaissance biologique, n'a pas été poussé jusqu'au bout, au point de remettre en question le cadre général dans lequel nos propres valeurs et institutions ont pris forme. Et ce cadre général est l'ontologie que les Occidentaux connaissent bien et que j'ai appelée naturalisme, une ontologie dont le mobilier est composé d'êtres qui ne nous surprennent guère – la société, la nature, le progrès, les habitudes culturelles, une séparation claire entre le social et l'économique, entre les choses et les personnes, entre la connaissance scientifique et la croyance religieuse, nous rendant ainsi oublieux du fait que ces types d'êtres n'existent pas dans d'autres ontologies. En observant que cette ontologie naturaliste est historiquement contingente, je ne veux pas plaider pour un hyperrelativisme – reproche qui m'est parfois adressé. Mon ambition est au contraire de développer des outils d'analyse qui soient le plus possible libérés des particularismes historiques dont sont actuellement grevés les concepts des sciences sociales. L'attraction terrestre, la formule chimique de l'eau ou la photosynthèse qualifient des objets et des phénomènes dont les principes de composition et de fonctionnement sont identiques partout sur notre planète. Il en va tout autrement de notions telles que

« société », « culture » ou « nature », qui découpent le tissu du monde selon des schèmes d'organisation propres à une certaine partie de la Terre et à une certaine époque ; bref, qui sont parfaitement relatives tout en prétendant à tort être universelles.

Pourtant, à ce jour, la plupart des études anthropologiques sur l'organisation sociopolitique des peuples qui restent en marge de la modernité continuent de traiter leurs institutions comme si elles s'occupaient de la seule gouvernance des relations entre les humains sur le modèle de la société civile occidentale. La différence considérable entre les cosmopolitiques extramodernes et les opérateurs politiques modernes est que les premières sont capables d'intégrer des non-humains dans des collectifs ou de les traiter comme des sujets politiques agissant dans leurs propres collectifs. En d'autres termes, les types d'êtres communs qui en résultent ne sont pas ceux auxquels nous sommes habitués : ce sont des associations d'humains et de non-humains qui peuvent prendre des formes très différentes et, en ce sens, peuvent également nous donner matière à réfléchir sur la transformation de nos propres institutions politiques. Par exemple, si l'on examine les composantes de ce que les anthropologues appellent un groupe de descendance – un clan, un lignage ou toute autre unité similaire – non pas comme l'anthropologie le définit habituellement, c'est-à-dire comme un ensemble d'humains descendants d'un ancêtre commun, mais selon la façon dont les gens où de telles unités existent les conçoivent réellement, alors on se rend compte qu'elles contiennent bien plus que des humains. Je mentionnerai brièvement quelques cas.

Chez les Peul Wodaabe du Sahel, le terme *dudal* a été traditionnellement utilisé par les anthropologues pour désigner une fraction de lignage, c'est-à-dire la plus grande unité segmentaire fonctionnant comme une personne morale. Cependant, comme l'a montré l'anthropologue Angelo Bonfiglioli, *dudal* désigne en fait à la fois une lignée d'humains ***et*** une lignée de zébus que les premiers ont sélectionnés au fil des générations[1]. Un groupe d'humains, le lignage *dudal*, et un groupe d'animaux domestiques, le troupeau *dudal*, forment ainsi une totalité continue et imbriquée qu'un terme unique désigne. On peut dire la même chose d'une notion, *aal-kodan*, utilisée par les éleveurs touva de Sibérie. Sa signification est encore plus englobante que *dudal*, car *aal-kodan* désigne à la fois un campement, ses habitants, ses chiens et son bétail, ses yourtes, ses enclos et ses pâturages voisins, de sorte que les humains, les autres êtres vivants et la terre sont tous intégrés dans cette notion. La solidarité de tous les membres de ce collectif ontologiquement mixte est mise en évidence en temps de crise. Lorsque le bétail est atteint de maladie, par exemple, les humains font des cauchemars, signe certain que l'*aal-kodan* est attaqué par des esprits malveillants. Par conséquent, c'est l'*aal-kodan* tout entier qui doit être traité par un chamane[2]. Des notions similaires, désignant sous un même terme un groupe humain local, son habitat, ses troupeaux et ses pâturages, sont utilisées par les Sami de Norvège (*sii'da*), les Évènes de Yakoutie

1. Angelo Maliki Bonfiglioli, 1988.
2. Charles Stépanoff, 2019, p. 126-127.

(*stado*, le mot russe pour « troupeau » mais compris ici dans un sens plus large) ou par les Mongols (*khot-ail*)[1]. Le cas de ce que l'on appelle dans les Andes un *ayllu* est encore plus frappant et montre que ce type d'inclusion terminologique ne se limite pas aux éleveurs nomades. Le terme quechua *ayllu* est traditionnellement défini comme un groupe de parenté, un lignage ou une communauté autochtone ayant une base territoriale et qui mène des actions en commun, notamment en matière rituelle. Cependant, si l'on examine de plus près l'ethnographie des communautés andines, il apparaît clairement qu'un *ayllu* est bien plus qu'un groupe humain : il inclut également des plantes, des animaux, des esprits locaux et encore de nombreuses autres composantes. Écoutons ce que Justo Oxa, un Amérindien de la région de Cuzco, en dit, tel que rapporté par l'anthropologue péruvienne Marisol de la Cadena : « L'*ayllu* est comme un tissu, et tous les êtres du monde – les gens, les animaux, les montagnes, les plantes, etc. – sont comme les fils, nous faisons partie du motif. Les êtres de ce monde ne sont pas seuls, tout comme un fil seul n'est pas un tissu, et les tissus sont faits de fils, un *runa* est toujours en-*ayllu* ***avec*** d'autres êtres – c'est ça l'*ayllu*[2]. » Autrement dit, un clan, un lignage, un groupe totémique ou un *ayllu* comprend toujours bien plus que des hommes, des femmes et des enfants, vivants et morts ; il y a aussi des animaux, des plantes,

1. Pour *sii'da*, voir Yves Delaporte et Marie Roué, 1986, p. 69 ; pour *stado*, voir Nicolas Bureau, 2021, p. 148 ; pour *khot-ail*, voir Natasha Fijn, 2011.

2. Marisol de la Cadena, 2015, p. 44 ; souligné par l'auteur.

des territoires, des divinités, des esprits, des sanctuaires, des agents pathogènes, des images, des compétences et mille autres choses nécessaires à la vie. Et ces composantes sont présentes dès le début ; elles sont constitutives de l'unité mixte que forment ces segments, et non ajoutées par la suite comme un ensemble suggestif pour le théâtre des actions humaines ou comme de simples fournisseurs de métaphores pour mieux exprimer la socialité de ces actions – ainsi que les sciences sociales ont eu tendance à les traiter.

L'idée que l'unité d'étude de l'anthropologie est fournie par les seuls humains constitue ainsi un blocage qui a occulté l'analyse des dimensions proprement politiques de la vie collective ailleurs que dans les sociétés modernes. Il y avait des raisons à cela, sans doute, et même de bonnes raisons. L'anthropocentrisme de la modernité a ses racines philosophiques dans la lutte contre l'ordre organique de l'Ancien Régime, une lutte alimentée par le développement de l'individualisme, base supposée de toute légitimité, qui a abouti à la promotion d'institutions et de régimes d'existence en rupture avec les assemblages prérévolutionnaires. Les relations entre les humains et les autres qu'humains ont ainsi été entièrement recomposées entre la fin du XVIe siècle et le XIXe siècle, d'abord en Grande-Bretagne, puis dans le reste de l'Europe et en Amérique du Nord. Les segments hiérarchiques qui composaient et articulaient les collectifs sociocosmiques se sont progressivement effrités pour libérer une foule d'individus humains, tous égaux devant la loi – en Europe du moins, sinon dans ses colonies – mais que des disparités concrètes et économiques séparent encore, tant à l'intérieur des nations qu'entre elles. La Grande Chaîne de l'Être des âges passés, mêlant dans un ordre unique et stratifié anges et vermisseaux, prêtres et lions, chevaliers et chênes, s'est fragmentée en une multitude d'espèces naturelles, d'une part, et de « sociétés », d'autre part, conférant ainsi aux collectifs humains une existence séparée. En vertu de cette extraction, ces derniers sont devenus rangés sous un même genre, donc comparables, bien que longtemps considérés comme inégaux sur l'échelle de l'évolution[1]. Et si certains collectifs étaient réputés stagner aux stades les plus bas du progrès, c'est précisément parce qu'ils refusaient obstinément, malgré les efforts déployés par une foule de forces « civilisatrices », notamment les missionnaires de toutes confessions, d'expulser du cœur de leur vie sociale les animaux, les plantes, les esprits et les divinités. Bref, l'invention des collectifs modernes a impliqué une épuration radicale : les autres qu'humains ont été expulsés du corps politique pour n'y laisser que les humains, seuls véritables sujets de droit. La représentation que les Modernes se sont donnée de leur forme d'agrégation politique a ensuite été transposée à l'analyse des sociétés extramodernes, avec une foule de spécificités, telles que la division entre nature et culture, entre croyance et connaissance, entre fait et valeur ou, plus

1. Et ils le sont encore dans une certaine mesure, du moins pour les psychologues évolutionnaires qui cherchent de façon obsessive chez les chasseurs-cueilleurs contemporains des caractéristiques qui expliqueraient les choix adaptatifs et la pression sélective chez les humains du Paléolithique, comme si les populations modernes de chasseurs-cueilleurs pouvaient être considérées comme de vivantes reliques de la Préhistoire.

simplement, l'idée qu'un clan, un lignage ou un *ayllu* ne contiennent que des humains. C'est avec cette conception eurocentrique et anthropocentrique de la politique que je souhaite rompre.

Manières de faire monde

Alors, que faire ? Comment passer d'un monde uniforme ordonné par une fracture majeure entre une Nature et de multiples cultures à des mondes diversifiés dans lesquels les humains et les autres qu'humains composent une multitude d'assemblages ? Comme je l'ai suggéré, ces assemblages peuvent néanmoins être réduits à quelques types dont on peut montrer qu'ils forment des transformations logiques les uns des autres. Il faut donc dépasser la critique de telle ou telle notion du répertoire sociologique, et remonter à un niveau plus profond d'élaboration du monde commun. En l'occurrence, au niveau de la détection par les humains de régularités dans le monde, qui, lorsqu'ils les systématisent, ont pour effet de produire des formes de collectifs, des conceptions du sujet, des théories de l'action, qui sont spécifiques à de grands univers sociaux. En procédant de cette manière, nous ne considérons plus les « sociétés » comme des réalités déjà constituées – comme c'est l'usage dans les sciences sociales ; nous cherchons plutôt à comprendre comment s'établissent des collectifs singuliers, dont certains, parce qu'ils ont réussi à priver les non-humains de toute capacité d'action politique, se considèrent désormais comme des « sociétés ».

Une étape vers cette reformulation consiste à tenter de décrire les assemblages d'humains et de non-humains avec les termes appropriés. On doit à Albert Camus cette formule souvent citée : « Mal nommer un objet, c'est ajouter au malheur de ce monde[1]. » Cela est d'autant plus vrai lorsque l'objet mal nommé est utilisé pour désigner de larges segments du monde, comme le concept de « société », que je propose d'abandonner au profit du concept de « collectif », déjà utilisé à plusieurs reprises dans ces pages. Contrairement à d'autres catégories désignant des ensembles organisés d'êtres, le concept de collectif a l'immense mérite de ne préjuger ni du contenu de ce qui est associé ni des modes d'assemblage. Utiliser la notion de collectif permet ainsi d'éliminer toute dissociation ontologique entre des associations d'humains – société, nation, communauté, lignage, tribu, classe, milieu social – et des regroupements d'autres qu'humains – espèce, troupeau, bande, branche technique, panthéon, collection. Il ne s'agit pas de dire que toutes les formes d'association sont identiques, bien au contraire, mais que leur typologie ne repose plus sur la distinction de principe entre les humains et les autres qu'humains qui a fondé le régime de la modernité.

Alors comment définir un collectif ? J'ai emprunté la notion à Bruno Latour, mais mon usage en diffère. Pour Bruno Latour, le collectif est le produit d'une action littérale de rassemblement par laquelle différents types de force et d'être sont associés : il s'agit donc d'un processus, voire d'un projet, indissociable de la théorie de l'acteur-réseau

1. Albert Camus, 1943-1944, p. 22.

dont il constitue l'un des principaux outils, et qui consiste à assembler des entités hétérogènes non encore unies entre elles afin de tester la pertinence de leur assemblage[1]. L'entreprise est expérimentale et vise à relier des associations d'humains et d'autres qu'humains qui ne sont pas séparés *a priori* par le grand partage entre le domaine de la nature et celui de la société. Le collectif latourien désigne ainsi une dynamique à la fois épistémique, métaphysique et politique de composition progressive d'un monde commun qui ignore les deux attracteurs habituels de la modernité. En conséquence, aucune spécification initiale n'est requise quant aux êtres qui intègrent le collectif et quant aux relations qui les unissent ; en fin de compte, le collectif est ce qui justifie le travail d'investigation car sa nature et sa composition ne sont jamais connues à l'avance. Le collectif latourien n'est donc pas un objet substantiel ni même un principe de composition, mais une procédure visant à reproduire dans une analyse le mouvement même de recrutement des ensembles d'humains et de non-humains que les analystes se sont donnés comme objets d'étude, et les citoyens comme matière d'expérimentation, ensembles qui, si tout va bien, pourraient devenir de nouvelles formes d'existence politique, c'est-à-dire s'étendre à d'autres agents humains et autres qu'humains.

Il faut reconnaître la grande pertinence d'une notion qui rend compte d'assemblages réels d'êtres sans opérer de discrimination ontologique en leur sein. Il me semble cependant que réduire le collectif au seul processus de rassemblement

1. Bruno LATOUR, 1999, p. 95.

entrepris par les Modernes pour surmonter leur condition divisée, c'est se priver de tout ce que les extramodernes peuvent nous apprendre en la matière. Car il n'est guère surprenant que les anthropologues considèrent que les humains et les non-humains sont associés dans des totalités régies par des principes unitaires, ou que des assemblages monospécifiques d'humains interagissent avec des assemblages monospécifiques de non-humains en obéissant à des règles de sociabilité identiques, ou que des groupes mixtes d'humains et de non-humains coopèrent dans tous les aspects de la vie sociale tout en restant ontologiquement différents les uns des autres. Ces types de collectifs sont les formes habituelles sous lesquelles les extramodernes se sont présentés à nous dans toute la diversité imaginative de leurs institutions. C'est pourquoi il est également nécessaire de reconnaître que les collectifs ne prennent pas seulement forme en tant que produits du processus de collecte d'un analyste, mais qu'ils existent aussi, et peut-être avant tout, sous des formes stabilisées, voire canoniques, que l'anthropologie sociale et politique a certes décrites de manière fragmentaire et anthropocentrique, mais qu'il n'est pas impossible de restituer dans toute la richesse et la complexité de leur architecture. De plus, ces formes stabilisées de collectifs n'ont pas été inventées par quelques sociologues clairvoyants pour fournir des modèles d'analyse à leurs collègues ; leurs principes de composition sont tout à fait explicites pour les humains qui en sont membres et qui savent très bien en évaluer les mérites par rapport à ceux des collectifs voisins. Il serait donc absurde et condescendant de réserver l'anthropologie comparative des collectifs aux seuls chercheurs qui ont su se dégager du front de modernisation. En somme, un collectif au sens où je l'entends est une forme stabilisée d'association entre des êtres qui peuvent être ontologiquement homogènes ou hétérogènes, et dont les principes de composition ainsi que les modes de relation entre les composants sont spécifiables et susceptibles d'être évalués de manière réflexive par les membres humains de ces assemblages, notamment lorsqu'il s'agit de qualifier les relations avec des collectifs voisins où ces principes et ces modes ne sont pas en vigueur.

On le voit, je n'envisage pas le collectif comme un réseau latourien. En effet, si pour moi un collectif est aussi une totalité où se combinent des entités de toutes sortes, il n'est pas à proprement parler organisé comme un réseau, dont les frontières – inexistantes *a priori* si l'on décide de suivre toutes les ramifications du réseau – ne peuvent dépendre que d'une décision arbitraire des analystes de circonscrire leur champ d'étude aux données qu'ils peuvent maîtriser. Un collectif n'est pas non plus homologue aux catégories sociologiques habituelles désignant des associations auxquelles on aurait ajouté quelques non-humains par souci d'exhaustivité : une société plus son environnement, un groupe ethnique plus ses ancêtres, une civilisation plus ses divinités, une catégorie socioprofessionnelle plus les outils et matériaux qu'elle utilise. On voit mal dans ce cas le gain d'intelligibilité qui pourrait être obtenu puisque les non-humains continueraient de n'être qu'un ornement ajouté à un bloc massivement anthropocentré. C'est pourquoi j'ai soutenu que les principes de composition d'un collectif, ce qui détermine la nature des êtres qu'il associe et les liens possibles qu'ils peuvent entretenir, dépendent en dernière instance de ce que j'ai appelé des modes d'identification.

J'ai déjà esquissé la nature et la portée de ces modes d'identification[1]. Quelques mots pour rappeler ce en quoi ils consistent ne seront pas inutiles. Malgré la diversité des qualités que nous pouvons détecter dans les êtres et les choses, ou que nous pouvons déduire des indices offerts par leur apparence et leur comportement, il est plausible de penser que les manières dont ces qualités sont organisées ne sont pas infinies. Nos jugements d'identité, c'est-à-dire la reconnaissance des similitudes et des différences entre les objets ou les événements, ne peuvent pas dépendre de comparaisons analytiques faites terme par terme. Pour des raisons d'économie cognitive, ils doivent être effectués rapidement et de manière non consciente, par induction à partir de schèmes partagés qui sont des dispositifs de structuration des qualités perçues et d'organisation du comportement. Partant d'une expérience de pensée assez simple, j'ai donc émis l'hypothèse qu'il n'existe pas plus de quatre modes élémentaires d'identification, c'est-à-dire de façons de systématiser les inférences ontologiques, chacun étant basé sur les types de continuité et de discontinuité que les humains détectent entre eux et les autres qu'humains sur un double plan, physique et moral. Face à tout autre être, humain ou non, je peux supposer soit qu'il possède des éléments de physicalité

1. Pour un traitement plus approfondi, voir Philippe Descola, 2005 ; Philippe Descola, 2014.

et d'intériorité identiques aux miens, et j'ai appelé cela le totémisme ; soit que son intériorité et sa physicalité sont distinctes des miennes, et j'ai appelé cela l'analogisme ; soit que nous avons des intériorités similaires et des physicalités hétérogènes, et j'ai appelé cela l'animisme ; soit enfin que nos intériorités sont différentes et nos physicalités analogues, et j'ai appelé cela le naturalisme.

Ces dernières années, je me suis efforcé de tester la pertinence de ces schémas en examinant leur utilité analytique pour rendre compte des variations structurelles dans des domaines de pratique et de représentation très divers. C'est dans cet objectif que je m'intéresse à la manière dont chacun des modes d'identification conditionne les formes d'association qui rassemblent les humains et les autres qu'humains dans des assemblages *sui generis*. J'avais précédemment examiné les inflexions que ces quatre modes d'identification apportaient aux manières de rendre visibles des traits spécifiques du monde et les effets de chacun d'eux sur l'organisation de l'espace visuel ainsi que sur les différents moyens employés pour transformer les images en agents de la vie sociale[1]. Dans le même ordre d'idées, j'envisage maintenant comment l'animisme, le totémisme, le naturalisme et l'analogisme sont institués dans des ontologies qui privilégient tel ou tel de ces modes de mondiation comme principe d'organisation du régime des êtres, et comment chacune de ces ontologies, à son tour, préfigure une sorte de collectif plus particulièrement approprié au rassemblement dans un projet

1. Philippe Descola, 2021.

commun des types d'êtres qu'elle distingue et à l'expression complémentaire de leurs propriétés dans la vie pratique.

L'expression « tournant ontologique » a parfois été utilisée pour qualifier ce type d'approche, bien que je ne l'aie moi-même guère employée. Cette appellation est sans doute appropriée, à condition de préciser qu'elle ne revient pas à une thèse sur ce que le monde est ou devrait être, mais consiste en une enquête sur les manières dont les humains détectent tel ou tel trait des objets réels ou imaginaires qui affectent leur existence afin de composer avec ces éléments des briques élémentaires de mondes différenciés. Et c'est parce que ces modalités primaires d'identification du monde sont distinctes que les formes de collectif que les humains vont imaginer peuvent aussi différer : ils seront immergés dans des configurations politiques, des modes d'échange et des types de relation entre humains et avec des autres qu'humains qui varient largement, et qui subissent des transformations historiques. L'objectif très ambitieux poursuivi est donc de ramener à un niveau tout à fait élémentaire la visée critique des sciences sociales, de les rendre capables de saisir la forme générale des interactions entre les êtres pour imaginer, sur cette base, des manières alternatives, moins destructrices, d'habiter la Terre. De ce point de vue, du reste, il ne s'agit plus seulement de sciences « sociales », puisque le social est ici un effet plutôt qu'une cause ; il s'agit d'une science générale des êtres et des relations, une science à venir que des esprits pionniers comme Gregory Bateson ont appelée de leurs vœux et à laquelle contribueraient l'anthropologie et la philosophie aussi bien que l'éthologie, la sociologie, la psychologie, l'écologie, la cybernétique et les sciences historiques.

Si certains anthropologues – dont l'auteur de ces lignes – ont placé cette entreprise sous le signe de l'ontologie, ce n'est nullement pour revendiquer une annexion par l'anthropologie d'un domaine autrefois réservé à la philosophie. Il s'agit avant tout d'insister sur le fait que le niveau auquel doit se situer l'analyse anthropologique est plus élémentaire que celui auquel elle a opéré jusqu'à présent. Le système des différences dans les manières spécifiquement humaines d'habiter le monde ne peut s'expliquer en considérant ces différences comme le sous-produit de tel ou tel type d'institution, d'organisation économique, d'infrastructure technique, de système de valeurs, de vision du monde, bref, de tous ces aspects des collectifs hypostasiés dans des instances par les sciences sociales afin de mettre en évidence des déterminations. Tous ces aspects sont, au contraire, les résultats stabilisés d'intuitions plus fondamentales sur ce que contient le monde et sur les relations entre ses composantes humaines et non humaines. Le mot « ontologie » semble approprié pour désigner ce niveau d'analyse, que l'on pourrait qualifier d'antéprédicatif dans le langage de la phénoménologie husserlienne, mais qui est avant tout une exigence d'hygiène conceptuelle : les racines de la diversité entre les humains doivent être recherchées à un niveau plus profond, celui des différences dans les inférences de base qu'ils font, selon les situations, sur les types d'êtres qui peuplent le monde et les manières dont ces êtres se rapportent les uns aux autres. De là découlent les types de collectifs au sein desquels se déroulent la vie commune et la nature de leur composition ; de là découlent les formes de subjectivation et d'objectivation ; de là découlent les régimes de temporalité et les formes de figuration ; de là découle, en fait, toute la richesse de la vie sociale et culturelle.

Comme on peut le voir, ce projet va à l'encontre de l'approche durkheimienne, la plus courante encore aujourd'hui dans les sciences sociales. Ce ne sont pas les catégories dominantes de la vie sociale qui servent de modèles pour conceptualiser le monde – selon la célèbre formule que la religion n'est « autre chose que la société hypostasiée et transfigurée[1] ». Au contraire, ce sont les principes organisateurs des cosmologies, la nature des êtres qui les peuplent et des relations qu'ils tissent entre eux, qui définissent la forme singulière prise par ces assemblages exclusifs d'humains que les Modernes appellent « sociétés ». Ces assemblages particuliers ont été taillés dans le tissu du monde par la sociologie des Modernes pour les convertir en modèle de toute existence collective, car ils étaient plus visibles que les autres du fait qu'ils se définissaient précisément de manière réflexive par ce qu'ils excluaient, à savoir les non-humains. Il n'est guère besoin de souligner que l'approche sociocentrique qui fait de la morphologie sociale la source pratique et cognitive des catégories que les humains utilisent pour conceptualiser et se rapporter au cosmos repose sur un raisonnement parfaitement circulaire. Rodney Needham en a fait la critique la plus tranchante dans son introduction à la traduction anglaise

1. Émile Durkheim, 1960 [1912], p. 497.

de l'essai de Durkheim et Mauss « De quelques formes primitives de classification[1] ». Rappelons que, dans cet article, les auteurs s'interrogent sur la source cognitive des classifications. Partisans de la *tabula rasa*, ils excluent deux hypothèses : d'une part, que les humains classifient par une nécessité interne de leur entendement individuel, et d'autre part, qu'ils classifient en reproduisant des régularités naturellement observables dans leur environnement. L'hypothèse que Durkheim et Mauss défendent est sociocentrique : c'est dans la société et ses divisions que réside le modèle conceptuel qui inspire la pensée classificatoire. C'est ce qu'ils s'attachent à montrer à l'aide d'exemples empruntés aux systèmes totémiques australiens, à la cosmologie des Zuñi du Nouveau-Mexique et au système divinatoire chinois.

Or, l'idée que les humains ont commencé à classer les objets de leur environnement parce qu'ils avaient d'abord classé les clans, l'idée que les premières classes de choses étaient des classes d'humains auxquelles ces choses étaient rattachées, cette idée tombe dans l'aporie logique qu'avec un tel raisonnement la société est déjà construite par les opérations mentales dont elle est censée être la source. En effet, les groupes sociaux qui sont présumés être les modèles des classes d'autres choses et êtres ne peuvent eux-mêmes être perçus comme tels sans la notion *a priori* de classe dont ils sont pourtant les prototypes. Pour échapper à cette explication circulaire où c'est la morphologie sociale déjà constituée qui serait à l'origine des catégories qui la constituent, il est

1. Rodney NEEDHAM, 1963.

préférable d'admettre que des principes plus élémentaires, analytiquement antérieurs aux catégories sociales, sont la source qui engendre les assemblages d'humains et de non-humains que j'appelle des collectifs et qui conditionne les caractéristiques de ces derniers. En somme, c'est le niveau ontologique et cosmologique qui détermine et explique le niveau sociologique, et non l'inverse.

Comment procéder pour étudier ce niveau ? Comment appréhender les collectifs, non pas en les faisant rentrer dans le lit de Procuste de la sociologie des Modernes, mais selon les modalités de leur conceptualisation et de leur expérience par ceux qui les composent ? En premier lieu par des enquêtes empiriques. La question sociologique est d'abord une question d'inventaire et, comme l'on disait autrefois, de physique sociale : quel être est associé à quel autre ou, au contraire, *a priori* séparé de lui ; de quelle manière sont-ils reliés, par quel type de lien, pour quel motif et pour mener ensemble quel type d'action ? Évidemment, pour les anthropologues élevés dans un régime naturaliste et formés aux conversations avec les humains, la réponse à certaines de ces questions ne peut venir que des composantes humaines des collectifs. Même si nous aimerions entendre directement des volcans, des lacs, des troupeaux de lamas ou de la Pacha Mama comment ils conçoivent leur appartenance commune à un collectif andin ; même si nous aimerions écouter directement des tapirs le genre de danses rituelles qu'ils exécutent lorsqu'ils se rendent dans leurs maisons souterraines, loin du regard des Indiens d'Amazonie, nous sommes néanmoins redevables à nos interlocuteurs humains lorsque nous avons besoin d'acquérir ce type de connaissances. Il est difficile d'éviter un parti pris anthropocentrique lorsque l'on s'intéresse – au-delà des interactions ordinaires entre les humains et les non-humains qui peuvent être étudiées de manière relativement symétrique – aux principes directeurs de mondes particuliers et à la distribution ontologique des êtres qui les composent, qui ne peuvent tous être formulés que dans le langage symbolique des humains[1]. Cependant, l'anthropocentrisme sémantique des collectifs extramodernes est tempéré par le fait qu'ils s'efforcent de traiter comme des personnes et des sujets les non-humains les plus divers, tandis que le nôtre est au contraire conçu comme un mécanisme *a priori* pour leur objectivation et leur exclusion, quand il ne relève pas de leur simple mercantilisation.

Bien qu'indispensables, les études empiriques ne suffisent cependant pas à elles seules à dégager des lignes directrices dans la manière dont les collectifs se composent. Comme déjà mentionné, l'hypothèse que j'ai avancée est que les principes de composition d'un collectif dépendent en dernière instance du mode d'identification partagé par ses membres, et c'est pourquoi je mène cette enquête en me concentrant sur les formes de collectifs dans lesquelles les différents types d'ontologie trouvent une expression. Ces formes sont extrêmement diverses lorsqu'on les aborde du point de vue

1. Par exemple, la remarquable tentative d'Eduardo Kohn de formuler « comment pensent les forêts » est néanmoins minée par le fait que nous apprenons comment ce processus fonctionne principalement à travers les paroles des collaborateurs amazoniens de Kohn plutôt que par la voix directe des arbres, des jaguars ou des papillons (Eduardo KOHN, 2013).

des institutions qui les rendent visibles – des modes d'exercice de l'autorité aux systèmes de parenté et de mariage en passant par les types de médiations rituelles réputées nécessaires au bon fonctionnement du cosmos ; j'ai donc choisi de m'intéresser en particulier à l'organisation de l'espace, c'est-à-dire aux manières d'habiter les lieux et d'en tirer parti, aux types de cohabitation avec les autres qu'humains auxquels ces lieux se prêtent, bref, au rapport à la terre entendu dans son sens le plus général. Aujourd'hui comme hier, il s'agit d'une question centrale, puisque même les populations humaines les plus mobiles – certains pasteurs nomades du Sahel, les nomades de la mer de la Patagonie méridionale et de l'Insulinde, ou des chasseurs-cueilleurs tels que les Nukak de l'Amazonie colombienne ou les ! Kung du Botswana – sont néanmoins dépendantes des lieux qu'elles traversent et des liens qu'elles entretiennent avec les humains et les autres qu'humains qui les occupent. De plus, s'intéresser à la manière d'habiter l'espace permet aussi d'éviter une approche trop anthropocentrique, puisque la quasi-totalité des êtres recrutés dans la composition d'un collectif sont dépendants de lieux plus ou moins identifiés et circonscrits : plantes, animaux, divinités, fleuves, volcans, esprits, morts, totems, sont tous localisés dans des sites, des domaines, des écosystèmes, des formations géologiques qui les stabilisent dans leurs relations aux autres existants avec lesquels ils partagent un milieu. Bref, à la différence des autres dimensions de la vie commune dans lesquelles les composantes d'un collectif peuvent être impliquées, du point de vue du lieu, les humains et les autres qu'humains partagent le même sort : ils sont tous situés. Seul le Dieu mosaïque, cette extraordinaire invention du Proche-Orient, fait exception à la règle, puisqu'il est à la fois nulle part et partout. Mais il est seul et, surtout, il est transcendant au collectif, contrairement à tous les autres principes d'unification – le pharaon, l'Inca, les rois divins – par lesquels des communautés d'êtres peuvent être appréhendées à partir d'un seul point de vue qui reste interne à l'ensemble totalisé. Je reviendrai sur cette question.

Cosmopolities

Si un collectif est toujours situé, alors la meilleure façon de l'appréhender est de le faire par une analyse cosmopolitique. Bien sûr, il ne s'agit pas ici de cosmopolitisme au sens kantien classique qui porte sur les conditions optimales d'un projet de paix mondiale, impliquant des règles universelles selon lesquelles les humains, où qu'ils se trouvent sur terre, pourraient mener une vie civilisée. Ni même au sens popularisé par Ulrich Beck, où le cosmopolitisme devient la conscience d'un destin partagé unissant les peuples partout dans leur exposition aux mêmes risques[1]. Bien que le cosmopolitisme au sens beckien implique à juste titre que les sociologues mènent leurs études au-delà des frontières de l'État-nation, il s'agit néanmoins d'une notion construite sur un monde appauvri et normatif, un peu comme le cosmos kantien : partout identique pour tous. Il ne s'agit pas non plus de cosmopolitique au sens militant que lui donne Étienne Balibar

1. Ulrich Beck, 1992 [1986].

comme une nouvelle forme d'internationalisme néomarxiste en opposition frontale avec la mondialisation, tentative de dépassement des frontières et de restauration d'une communauté de destin entre les exploités, notamment les migrants. Marqué par la valeur cardinale kantienne de l'hospitalité, le projet cosmopolitique balibarien reconnaît bien ici et là que les frontières internes entre les humains et les non-humains devraient également être supprimées, mais sans proposer toutefois de moyens de concevoir l'intégration de tous les éléments du cosmos au sein de collectifs transnationaux et transespèces[1].

En revanche, dans la nouvelle cosmopolitique prônée par des penseurs comme Isabelle Stengers et Bruno Latour, le cosmos n'est ni l'universel de Kant, Beck et Balibar, ni un cosmos particulier tel qu'une tradition locale peut le concevoir[2]. Il s'agit plutôt d'un projet qui renvoie à la possibilité de mettre sur un pied d'égalité une multiplicité de mondes, un projet qui orienterait la politique de la connaissance scientifique dans une direction entièrement nouvelle par rapport à celle qu'elle a suivie jusqu'à présent. J'utilise cependant le terme « cosmopolitique » dans un sens quelque peu différent (peut-être plus terre à terre et certainement plus fidèle à l'étymologie du terme), comme moyen de désigner les opérateurs qui relient les mondes et rassemblent et articulent des choses et des êtres qui, autrement, sembleraient exister sur des plans ontologiques différents. Ces opérateurs diffèrent largement

1. Étienne Balibar, 2022, p. 37 ou p. 60 par exemple.
2. Isabelle Stengers, 1996 ; Bruno Latour, 2007.

selon les principes qui organisent la variété des assemblages d'humains et d'autres qu'humains documentés par l'ethnographie et l'histoire. Le regard éloigné qu'apportent les anthropologues est donc simplement la perspective qu'ils peuvent adopter lorsqu'ils tentent de comprendre la diversité déconcertante des régimes ontologiques sous lesquels toutes sortes d'êtres se voient associées. Les formes concrètes que prennent ces associations cosmopolitiques sont des « cosmopolities » – construit sur « politie », un terme français tombé en désuétude depuis Rousseau, semble-t-il, mais que la langue anglaise a emprunté (*polity*) et dont elle a perpétué l'usage[1]. L'objectif de ce livre est de donner une idée de certains des éléments constitutifs de ces cosmopolities et d'esquisser leurs principes architecturaux, afin de fournir la base d'une manière alternative de traiter la diversité des manières humaines et non humaines d'habiter le monde.

J'aimerais maintenant examiner brièvement à quoi ressemblent les types de cosmopolities qui forment le cadre dans lequel chaque régime ontologique peut s'épanouir. Je consacrerai le reste de l'ouvrage aux conséquences anthropologiques et politiques qui peuvent être tirées de ce pluralisme cosmopolitique, en utilisant quelques exemples ethnographiques détaillés afin de mieux comparer certaines caractéristiques des collectifs extramodernes avec celles des collectifs modernes. Mais il peut être nécessaire, au préalable,

1. Comme ses prédécesseurs, Rousseau l'entend au sens d'une formation sociale autogouvernée : Jean-Jacques ROUSSEAU, 1762, livre III, chapitre 8, p. 179.

de rappeler la définition des quatre systèmes de qualités que l'on peut déceler dans les objets du monde, chacun d'eux pouvant être incarné dans une ontologie qui synthétise de manière ostensible ses propriétés élémentaires. L'animisme se caractérise par l'inférence d'une continuité morale entre les humains et les non-humains et d'une discontinuité dans leurs dimensions physiques ; le naturalisme par l'inférence d'une discontinuité morale et d'une continuité physique ; le totémisme par l'inférence d'une double continuité, morale et physique, mais divisée en blocs discontinus d'humains et de non-humains ; et l'analogisme par l'inférence d'une double discontinuité, physique et morale, que des réseaux de correspondance s'efforcent de rendre continue. L'animisme est bien représenté par les ontologies des Indiens d'Amazonie ou des populations indigènes de Sibérie, le totémisme par l'ontologie des Aborigènes d'Australie, le naturalisme par l'épistémologie néokantienne et l'analogisme par les ontologies des Indiens d'Amérique centrale, des Européens médiévaux ou des populations d'Afrique de l'Ouest. Cependant, bien souvent, ces systèmes de qualités n'existent que sous forme de tendances ou de recoupements partiels. Plutôt que de les considérer comme des cosmologies ou des cultures fermées et cloisonnées au sens classique du terme, il faut donc les appréhender comme des dispositifs permettant des combinaisons spécifiques de propriétés formelles éclairant certains aspects fondamentaux de la vie sociale humaine.

Par exemple, quelles sont les conséquences du système d'inférences animistes sur la forme des collectifs où ces inférences dominent ? Tout d'abord, il convient de souligner que ce type de collectif est différent à tous égards de ce qu'est une « société » pour nous, puisque les combinaisons qu'il opère entre les humains et les autres qu'humains ne prennent pas la forme habituelle que l'ontologie naturaliste nous a rendue familière. Dans une ontologie animiste, la plupart des êtres non humains ont une intériorité semblable à celle des humains, ce qui fait d'eux des sujets sociaux à part entière ; mais chaque forme de vie – qu'il s'agisse d'espèces végétales ou animales, de races d'esprits, d'ombres ou de groupes humains, morts ou vivants – est également dotée de dispositions physiques particulières, une sorte d'éthogramme, qui lui permet d'accéder spécifiquement à la partie du monde qu'elle est prédisposée par sa nature à habiter, utiliser et actualiser. En vertu de ces dispositions communes, chaque forme d'être constitue ainsi un collectif spécifique, une espèce sociale caractérisée par une morphologie, des capacités et des types de comportement, une sorte d'association qui combine les attributs d'une espèce naturelle et ceux d'une tribu. Les tribus-espèces, surtout animales, sont censées vivre en collectifs aux structures et propriétés identiques : ce sont des « sociétés » à part entière, avec des chefs, des chamanes, des rituels, des habitations, des techniques, des artefacts, qui s'assemblent et se querellent, pourvoient à leurs besoins et se marient selon des règles. Par espèces, il ne faut pas entendre uniquement les humains, les animaux et les plantes, puisque dans le régime animiste presque tous les êtres ont une vie sociale. Dans tout l'archipel animiste, les membres de chaque tribu-espèce partagent donc la même apparence physique, le même habitat, la même nourriture et le même comportement sexuel, et sont en principe endogames.

Il faut aussi noter que les critères de différences de forme, de disposition et de comportement qui distinguent les uns des autres les collectifs autres qu'humains sont également utilisés pour individualiser les différents collectifs humains. Dans une ontologie animiste, en effet, l'idée d'une humanité en tant qu'espèce morale distincte n'a guère de sens. Ainsi, chaque classe d'humains qui se différencie des autres par son apparence et ses manières de faire est conçue comme une tribu-espèce particulière, à l'instar de la tribu-espèce du singe laineux ou de celle du caribou. Les attributs distinctifs des groupes humains que les Modernes considèrent comme culturels – coiffures, costumes, ornements, armes, outils, habitations, habitudes alimentaires et même langues – sont au contraire perçus dans l'archipel animiste comme des dispositions physiques analogues à celles qui permettent aux espèces animales de mener des vies différentes : becs, griffes, nageoires, ailes, feuilles, rhizomes et modes de communication sonore ou posturale. De plus, si l'appartenance à chaque collectif repose bien sur une corporéité spécifique, c'est-à-dire sur le fait de partager le même aspect physique, le même habitat, le même comportement alimentaire, l'identité même du collectif n'est définissable que si elle est appréhendée selon le point de vue des autres tribus-espèces. Et si l'espèce biologique sert de modèle analogique concret pour composer les collectifs, cela tient au fait que ces collectifs, comme l'espèce, ne sont jamais intégrés dans une totalité fonctionnelle d'un niveau supérieur : la tribu-espèce des Indiens achuar, la tribu-espèce des patates douces, la tribu-espèce des pécaris, ne partagent rien d'autre que ce prédicat abstrait et eurocentrique que les ethnologues qui les observent appellent « culture ». Ce que les Modernes ont pris l'habitude de qualifier de « nature », de « surnature » et de « société » est donc, pour les animistes, un monde peuplé de collectifs sociaux, chacun d'entre eux étant différent par le recrutement de ses membres, avec lesquels les collectifs humains établissent des relations selon des normes supposées communes à tous[1].

Qu'en est-il des collectifs totémiques illustrés par le cas australien ? Là, les humains et les autres qu'humains sont répartis conjointement dans des collectifs hybrides, isomorphes et complémentaires, les classes totémiques, contrairement à l'animisme où les humains et les non-humains sont répartis séparément dans des collectifs, également isomorphes, les tribus-espèces, mais autonomes les uns des autres. Si la structure et les propriétés des collectifs animistes dérivent donc sans aucun doute de celles prêtées aux collectifs humains, la structure des collectifs totémiques est définie par les écarts différentiels entre des faisceaux d'attributs physiques et moraux que certains non-humains dénotent de manière appropriée – généralement des animaux investis d'une fonction totémique parce qu'ils illustrent de manière exemplaire ces faisceaux d'attributs ; alors que les propriétés reconnues comme typiques des membres de ces collectifs ne dérivent pas directement des humains ou des non-humains,

1. Pour les détails ethnographiques, voir Philippe Descola, 2005, p. 283-292.

mais d'une classe prototypique de prédicats qui les précède. En Australie, cette classe de prédicats est appelée les êtres du Temps du Rêve. Contrairement à l'animisme, qui érige une tribu-espèce d'humains comme paradigme des collectifs, le totémisme opère ainsi une fusion originale en mélangeant dans des assemblages hybrides des humains et des autres qu'humains qui s'utilisent mutuellement pour produire des liens sociaux, une identité générique, un attachement à des lieux, des ressources matérielles et de la continuité générationnelle. Mais le totémisme fait cela en fragmentant les unités constitutives de telle sorte que les propriétés de chacune sont complémentaires, et que leur assemblage dépend des écarts différentiels qu'elles présentent. Un tel système n'est régi ni par une logique classificatoire à la Lévi-Strauss, ni par une logique sociocentrique à la Durkheim, mais par un principe que l'on peut appeler « cosmogénique ». Tout comme l'animisme est anthropogénique parce qu'il emprunte aux humains le minimum – à savoir les institutions humaines – nécessaire pour que les autres qu'humains soient traités comme des humains, le totémisme est cosmogénique parce qu'il cherche dans des groupes d'attributs cosmiques, c'est-à-dire non référés à une espèce biologique particulière, tout ce qui est nécessaire pour que les humains et les non-humains soient inclus dans le même collectif.

Voyons maintenant comment sont construits les collectifs analogistes. Quelle que soit la diversité morphologique des assemblages d'humains et d'autres qu'humains permis par le mode d'identification analogiste – dans l'Europe ancienne, en Extrême-Orient, dans la majeure partie de l'Afrique ou dans les collectifs andins et méso-américains –, ces assemblages se présentent néanmoins toujours comme des unités constitutives d'un collectif beaucoup plus vaste, puisqu'il est coextensif au monde. Cosmos et société sont ici presque indiscernables, quels que soient les types de segmentation interne qu'un tel ensemble étendu nécessite pour rester opérationnel. Ce type de collectif est en effet taillé à la mesure du cosmos tout entier, mais il est également divisé en unités constitutives interdépendantes qui sont structurées par une logique d'imbrication segmentaire. Lignages, fractions, castes, groupes de descendance de toutes sortes étirent les liens des humains avec les autres êtres, de l'inframonde jusqu'au ciel empyrée, tout en maintenant séparés, et souvent antagonistes, les canaux diversifiés par lesquels ces liens sont établis. De plus, les collectifs analogistes ne sont pas nécessairement des empires ou des formations étatiques, et certains d'entre eux ont des effectifs humains très modestes qui ignorent les stratifications de pouvoir et les disparités de richesse. Pourtant, ils ont tous en commun que leurs parties constitutives sont hiérarchiques, ne serait-ce qu'à un niveau symbolique dépourvu de tout effet économique ou politique direct. La distribution hiérarchique est souvent multipliée au sein de chaque segment, délimitant ainsi des sous-ensembles qui sont dans le même rapport inégal les uns aux autres que les unités de niveau supérieur, comme en Inde où la distribution hiérarchique des castes se répète dans les sous-castes et dans les lignées au sein des sous-castes.

Les configurations d'êtres que l'analogisme rend possibles présentent ainsi quelques traits remarquables. À la différence des collectifs multiples et équistatutaires d'humains et de non-humains ayant soit une composition homogène (les tribus-espèces de l'animisme), soit une composition hétérogène (les classes totémiques), mais se rapportant dans les deux cas à des unités de même nature, le collectif analogiste est unique, divisé en segments hiérarchiques, et en relation exclusive avec lui-même. Il est autosuffisant en ce qu'il contient en lui-même toutes les relations et déterminations nécessaires à son existence et à son fonctionnement, à la différence du groupe totémique, qui est autonome au niveau de son identité ontologique mais a besoin de collectifs du même type que le sien pour devenir opérationnel. En effet, dans un collectif analogiste, la hiérarchie des unités constitutives est contrastive, c'est-à-dire seulement définissable par des positions réciproques, et c'est pour cette raison que les segments ne forment pas des collectifs indépendants de même nature que les classes totémiques, qui puisent en elles-mêmes, dans des sites et des précurseurs prototypiques qui leur sont propres, les fondements physiques et moraux de leur caractère distinctif. Les segments d'un collectif analogiste sont donc hétéronomes en ce qu'ils n'acquièrent un sens et une fonction qu'en relation avec l'ensemble parfaitement autonome qu'ils forment conjointement.

On peut maintenant préciser la différence entre un collectif hybride et un collectif mixte. Les non-humains que les collectifs analogistes mobilisent dans leurs segments conservent leurs particularités, contrairement au totémisme où ils sont confondus avec les humains, ou à l'animisme où leurs différences de forme et de comportement sont clairement affichées parce qu'ils sont répartis en « tribus-espèces » monospécifiques. Les segments analogistes ne sont donc pas hybrides, mais mixtes : les entités qu'ils recrutent conservent leurs différences ontologiques intrinsèques – et c'est dans la nature de ce mode d'identification qu'il en soit ainsi ; mais ces différences sont atténuées par les multiples relations de correspondance et de coopération que le partage de finalités communes au sein du segment tisse entre elles. Du point de vue de leur composition ontologique, donc, les collectifs animistes sont « purs », puisque chacun est composé d'une seule classe d'êtres ayant en commun la même intériorité, la même morphologie et les mêmes dispositions physiques ; les collectifs totémiques sont hybrides, puisqu'ils sont chacun composés d'un groupe d'êtres partageant une essence commune et des substances communes, mais qui diffèrent par leurs apparences et certaines de leurs capacités ; tandis que les collectifs analogistes sont mixtes, puisqu'ils sont composés d'une multitude d'êtres différenciés dont le seul point commun est l'appartenance au même assemblage.

Reste enfin la formule sociologique du naturalisme. Je ne m'y attarderai pas pour deux raisons. D'abord parce que c'est le type d'assemblage qui nous est le plus familier, celui que les Modernes croient à tort universel et qui est devenu l'objet d'études dans tous les départements de sciences sociales : les humains sont répartis au sein de collectifs différenciés par leurs langues et leurs coutumes – les cultures ou les sociétés – et qui excluent les autres qu'humains – la nature. Le paradigme des collectifs est ici la société humaine par opposition à une nature anomique : en somme, tout ce qui n'est pas naturel est social. Il est vrai que la constitution naturaliste commence à être ébranlée par la nécessité de prendre en compte des phénomènes tels que le réchauffement climatique – dans lequel les causes naturelles et les causes sociales ne sont pas aisément distinguables – ou bien l'expression de plus en plus vigoureuse de cosmopolities extramodernes lorsqu'elles entrent en conflit avec la logique naturaliste des États et du capitalisme mondialisé. Mais cela ne concerne encore qu'une minorité de citoyens du monde – peuples autochtones, éco-activistes, philosophes, scientifiques… – dont les efforts pour défléchir les résultats catastrophiques du front de modernisation n'ont pas encore atteint une masse critique. Cet ouvrage aspire à apporter une contribution à cet effort collectif crucial.

Après avoir esquissé le cadre intellectuel général d'une anthropologie politique au-delà de l'humain qui serait fidèle aux manières dont les composantes humaines des cosmopolities extramodernes conceptualisent leurs formes d'assemblage, il est temps maintenant de donner corps à ce squelette conceptuel et d'examiner comment ces cosmopolities parviennent dans la pratique à s'organiser, notamment en ce qui concerne leur utilisation de la terre. Et comme la tâche serait démesurée si je me fixais pour objectif de traiter les milliers de cosmopolities documentées par les archives historiques et ethnographiques, je me bornerai à considérer d'abord celles qui relèvent d'un régime animiste, puis celles qui relèvent d'un régime analogiste. Cette enquête sera l'occasion de renouer d'une manière tout à fait différente avec des thèmes d'actualité en anthropologie sociale – sociétés sans État, royauté divine, don ou « guerre primitive » – et de mesurer ainsi comment la prise au sérieux de ce que nous enseignent les collectifs extramodernes peut devenir un moyen de décoloniser notre propre pensée.

2.

Les mondes animistes et leurs habitants

Le monde animiste est composé de collectifs d'humains et de collectifs d'autres qu'humains – principalement des espèces animales, des espèces végétales et des races d'esprits, y compris les morts humains – qui sont tous régis par des institutions analogues à celles du collectif humain qui sert de gabarit interprétatif pour concevoir les collectifs non humains avec lesquels il interagit. De ce point de vue, les membres de tous les collectifs sont censés se voir comme des humains, quelles que soient leurs formes génériques, et ce n'est qu'aux yeux des autres collectifs que chacun d'eux apparaît avec ses caractéristiques propres. En d'autres termes, l'identité d'un collectif n'est visible que sous le regard des autres : ses particularités de forme et de comportement ne sont appréhendées comme des signes de sa singularité que par ceux qui appartiennent à d'autres tribus-espèces. Un mythe matsiguenga de l'Amazonie péruvienne[1] illustre bien la manière dont cet entrecroisement de points de vue produit des collectifs différenciés. Il raconte le voyage entrepris par des Matsiguenga pour découvrir le monde, qui les conduit à visiter des peuples définis à chaque fois par leur régime alimentaire. Chaque nouveau peuple ressemble en tout point aux visiteurs matsiguenga : ils parlent la même langue, ont le même type d'habitation, le même type de technique de subsistance et l'environnement forestier qu'ils occupent ne diffère en rien de celui des Matsiguenga. Les gens qu'ils visitent leur offrent d'abord du poisson pour le dîner, puis le lendemain ils proposent d'aller pêcher avec eux ; mais ils attrapent en fait des serpents venimeux qu'ils appellent poissons et mangent comme tels. Montrant leur dégoût, les Matsiguenga sont invités par leurs hôtes à aller chercher de la viande de serpent dans une rivière où ils trouvent une quantité de poissons qu'ils rapportent au village où ils sont hébergés et que les habitants prennent pour des serpents. Chacun des deux groupes, voyant les autres ramener des serpents, leur reproche de manger des aliments immondes et décide de manger séparément à la nuit tombée, les hôtes consommant leurs serpents qu'ils voient comme des poissons, tandis que les Matsiguenga consomment leurs poissons que les maîtres de maison voient comme des serpents. Les visites à d'autres villages se succèdent. Le village suivant est peuplé de gens qui mangent des serpents corail qu'ils appellent pacas, petits mammifères à la chair délicate.

1. France-Marie Renard-Casevitz, 1991, p. 16-22.

Le même genre de malentendu se produit à nouveau : les Matsiguenga vont chercher un paca dans son terrier et le ramènent pour le dîner, au grand dam de leurs hôtes qui ne voient qu'un gros serpent corail, tandis que les Matsiguenga reprochent à leurs hôtes de manger des serpents corail qu'ils prennent pour des pacas. Le village suivant est habité par des gens qui piègent et mangent des chauves-souris qu'ils prennent pour des oiseaux tangaras. Le suivant est peuplé de gens qui chassent à l'arc des boules de feu qu'ils prennent pour des aras. De là, les Matsiguenga se rendent chez des mangeurs de charognards qui voient ces charognards comme des pénélopes (une espèce d'oiseaux gallinacés). Ils décident alors de rentrer chez eux.

Les différences de perspective entre les humains et les non-humains que l'histoire des Matsiguenga met en évidence sont des exemples de cette métaphysique des relations entre les espèces, si courante en Amazonie, qu'Eduardo Viveiros de Castro a appelée « perspectivisme ». Je rappelle la définition canonique qu'il en a donnée : « Les humains, dans des conditions normales, voient les humains comme des humains, les animaux comme des animaux et les esprits (s'ils les voient) comme des esprits ; les animaux (prédateurs) et les esprits voient les humains comme des animaux (proies), tandis que les animaux (gibier) voient les humains comme des esprits ou comme des animaux (prédateurs). Les animaux et les esprits, en revanche, se voient comme des humains ; ils se perçoivent comme (ou deviennent) anthropomorphes lorsqu'ils sont dans leurs propres maisons ou villages, et vivent selon leurs propres usages et caractéristiques sous les espèces de la culture[1]... » Le perspectivisme est l'expression de l'idée que tout être qui occupe un point de référence, et se trouve ainsi placé dans la position d'un sujet, s'appréhende sous l'espèce de l'humanité, la forme corporelle et les coutumes des humains constituant des attributs pronominaux du même type que les autodésignations ethnonymiques.

En pratique, cependant, le perspectivisme n'est ni généralisé à l'ensemble de l'archipel animiste, ni exclusif à celui-ci. On en trouve ainsi des exemples frappants chez les populations de Mongolie et d'Asie centrale, qui semblent osciller entre un régime analogiste et un régime animiste, selon les lieux[2]. Le perspectivisme s'exprime principalement dans les mythes, dans les récits d'expériences chamaniques et dans les jugements sur les capacités de telle ou telle classe d'êtres, de sorte qu'il doit être considéré comme un genre de théorie épistémique de la connaissance interspécifique, une codification du caractère positionnel de certaines ontologies, et non comme un vade-mecum pratique des interactions entre les collectifs humains et non humains. Son registre est celui de la philosophie spéculative – et c'est dans cette direction que Viveiros de Castro a développé récemment le perspectivisme[3] – et non celui de la sociologie quotidienne sur laquelle il n'exerce aucune emprise normative. Il exprime

1. Eduardo Viveiros de Castro, 1996, p. 117, ma traduction.

2. Par exemple, chez les Darhad de Mongolie qui combinent un perspectivisme interspécifique classique avec, chez les chamanes, un perspectivisme intraspécifique lorsqu'ils interagissent avec les esprits des ancêtres : Morten A. Pedersen, 2007.

3. Eduardo Viveiros de Castro, 2009.

une possibilité logique dans un jeu à deux positions ; si les humains se voient sous une forme humaine et voient les non-humains sous une forme non humaine, alors les non-humains qui se voient sous une forme humaine devraient voir les humains sous une forme non humaine. Mais en pratique, une telle épistémologie de la connaissance mutuelle entre les espèces rendrait les interactions entre les collectifs humains et autres qu'humains extrêmement difficiles, car elles reposeraient sur un malentendu permanent : les humains devraient soit accepter dans leurs relations avec les animaux et les esprits qu'il n'y a pas de coïncidence de vues, ce qui peut avoir des conséquences très fâcheuses pour eux, soit corriger mentalement les renversements de perspectives à chaque fois pour les réaligner. C'est pourquoi, dans la plupart des interactions réelles entre les collectifs humains et non humains, par opposition à la théorie de leur connaissance mutuelle, les populations animistes se comportent généralement comme si les non-humains les voyaient sous leur forme humaine, et non comme des animaux prédateurs ou des esprits[1].

Modèles de relation

À l'inverse, ce que l'ethnographie de l'archipel animiste démontre amplement, c'est que les modèles de relation dominants entre et au sein des collectifs humains sont également ceux qui caractérisent les relations entre les collectifs

1. Pour des exemples ethnographiques de cette perception symétrique, voir Philippe Descola, 2005, chapitre 6, note de bas de page 33.

humains et autres qu'humains. J'ai souligné dans *Par-delà nature et culture* que ces modèles de relation dominants au sein et entre les collectifs animistes correspondent aux trois formules assurant le mouvement potentiellement réversible de toute valeur entre deux termes ayant le même statut ontologique. La première de ces formules, « l'échange », se caractérise par une relation symétrique dans laquelle tout transfert consenti d'une entité à une autre nécessite une contrepartie en retour. Les deux autres formules sont asymétriques : soit une entité A prend une valeur à une entité B (il peut s'agir de sa vie, de son corps ou de son intériorité) sans offrir de contrepartie, et j'appelle « prédation » cette asymétrie négative ; soit, au contraire, une entité B offre une valeur à une entité A (il peut s'agir d'elle-même) sans attendre de compensation, et j'appelle « don » cette asymétrie positive. Si l'on s'intéresse aux obligations qui découlent de la forme de ces différents types de transfert plutôt qu'au mouvement des choses transférées, on obtient alors un ensemble de prescriptions normatives régissant les relations entre les êtres appartenant aux différents collectifs, une véritable *sociologie animiste*[1].

Rappelons brièvement, à partir d'exemples ethnographiques amazoniens, les différentes formes que peut prendre cette sociologie animiste, régissant à la fois les collectifs humains et non humains. Le groupe des locuteurs de l'« aénts chicham » (anciennement appelé « jivaro ») de l'Amazonie équatorienne et péruvienne, notamment les Achuar, chez qui j'ai effectué des recherches de terrain des années 1970

1. Voir P. Descola, *ibid.*, p. 283-294.

aux années 1990[1], fournit une illustration remarquable du schème de la prédation. La chasse aux têtes entre les tribus de ce groupe linguistique et la vendetta au sein de chacune d'entre elles constituaient le principal mécanisme de structuration des destins individuels et des liens de solidarité, ainsi que l'expression la plus visible d'une valeur centrale, à savoir l'obligation d'acquérir auprès d'autrui les individus, les substances et les principes d'identité jugés nécessaires à la perpétuation de soi. Il est courant en anthropologie d'interpréter la guerre et la vendetta comme un échange de morts régi par la « réciprocité négative[2] ». Cependant, si nous prenons au sérieux à la fois ce que font les locuteurs d'aénts chicham et les commentaires qu'ils proposent sur leurs actions, et si nous admettons également que la condition nécessaire de l'échange est l'obtention d'une contrepartie, alors il est impossible de caractériser la guerre entre et au sein de cet ensemble de tribus comme un échange de morts. En effet, si la chasse aux têtes et la vendetta engendrent habituellement des représailles, celles-ci ne sont évidemment pas recherchées comme contrepartie à laquelle on aurait droit du fait des morts infligées à autrui ; et les gens prennent au contraire toutes les mesures pour échapper à leurs conséquences. L'appropriation violente et réciproque d'autrui au sein de l'ensemble des locuteurs de l'aénts chicham est

1. Philippe Descola, 1993*b* ; Philippe Descola, 2019 [1986].

2. Nous devons le terme de « réciprocité négative » à la théorie de l'échange de Marshall Sahlins (Marshall Sahlins, 1972, p. 195) et la première formulation de l'idée de guerre tribale comme échange de morts à Claude Lévi-Strauss (Claude Lévi-Strauss, 1943).

donc le produit d'une négation de l'échange pacifique, et non le résultat délibérément recherché d'un échange de vies humaines par le biais d'une interaction belliqueuse[1].

Les relations des locuteurs de l'aénts chicham avec les collectifs non humains sont également structurées par le modèle de la prédation. Cependant, de nombreuses plantes et de nombreux animaux sont considérés comme partageant certains attributs ontologiques avec les humains, auxquels ils sont liés par des relations de consanguinité et d'affinité. Malgré cela, les non-humains ne sont pas intégrés dans un réseau d'échange avec les humains, et aucune contrepartie ne leur est donnée lorsque leur vie est prise au cours d'activités de subsistance. Comme les humains dans leurs relations avec d'autres humains, les non-humains ont aussi tendance à se venger de la prédation dont ils sont l'objet, comme l'illustre le cas du manioc : cette plante, qui constitue l'aliment de base, est réputée sucer à travers ses feuilles le sang des femmes qui la cultivent et celui de leurs jeunes enfants. La capture de personnes réelles ou virtuelles parmi des ennemis proches ou lointains, l'appropriation de gibier sans contrepartie et la guérilla quotidienne avec le manioc cannibale expriment ainsi dans des domaines différents un même refus de l'échange dans les relations avec autrui, humain ou non[2]. Je m'empresse d'ajouter qu'une telle attitude n'est pas propre aux locuteurs de l'aénts chicham : on trouve de nombreux autres exemples de prédation généralisée dans l'archipel animiste, en Amazonie, en Amérique du Nord et en Asie du Sud-Est.

1. Philippe Descola, 1993*a*.
2. Philippe Descola, 2019 [1986].

Les cas où l'échange est le modèle dominant sont également très fréquents en Amazonie, par exemple chez les populations tukano et arawak du nord-ouest de la région, qui forment un groupe multiethnique intégré. L'obligation impérative de l'échange entre les collectifs humains se manifeste d'abord de manière spectaculaire par l'exogamie linguistique qui oblige chaque groupe local à obtenir ses épouses de groupes parlant une langue autre que la sienne. D'autres facteurs contribuent à l'imbrication des peuples du Nord-Ouest amazonien dans une organisation régionale inclusive, notamment la division régionale de la production d'artefacts qui confère à chaque « tribu » une réputation d'excellence, et donc d'exclusivité, dans la fabrication d'un type d'objet nécessaire à la vie quotidienne de tous. Cette spécialisation contribue à une circulation généralisée des artefacts qui accentue le sentiment de dépendance consensuelle de chacun envers tous. Enfin, les liens de subordination mutuelle sont renforcés par la pratique systématique de visites de longue durée et de fêtes de boisson régulières. Malgré la diversité des langues, chaque maison collective, chaque groupe de descendance, chaque groupe de locuteurs tukano et arawak est ainsi conscient de devoir sa durabilité matérielle et idéelle aux échanges régulés avec les autres parties de l'ensemble[1]. Dans la relation avec le monde animal, une logique de parité dans la compensation régit également les interactions, puisque tout animal tué lors de la chasse doit être compensé par une contrepartie fournie par les humains aux esprits maîtres du

1. Jean JACKSON, 1983.

gibier, qui peut même parfois prendre la forme de l'âme d'un humain décédé qui sera transformée en animal destiné à être chassé[1].

Cette modalité d'interaction fondée sur des échanges d'égal à égal entre collectifs humains et non humains n'a rien d'exceptionnel : c'est même le schéma relationnel le plus courant dans le régime animiste. Je ne donnerai qu'un autre exemple, mais il a le mérite de rendre encore plus évident que les collectifs humains et non humains peuvent être liés par des obligations contractuelles assez semblables à celles qui lient les humains. Le cas se situe loin de l'Amazonie, chez les Reungao des hauts plateaux du centre du Vietnam. L'anecdote suivante est rapportée par Émile Kemlin, dans un article de 1917, à propos d'une femme nommée Oih : « Un soir qu'elle pilait son riz sur l'avancée de sa maison, un tigre se débattait tout à côté d'elle, étouffé par un os qui lui était resté dans la gorge. Dans un des bonds prodigieux qu'il faisait pour se débarrasser du corps qui le gênait, il atteignit l'avancée de la maison. Oih, saisie d'effroi, laissa échapper son pilon qui alla tomber sur la tête de l'animal. Celui-ci en éprouva un tel sursaut que, du coup, il fut débarrassé de l'os qui l'étranglait. Il partit tout joyeux. La nuit suivante, la femme revit l'animal en songe [sous forme humaine]. "Nous allons conclure ensemble amitié de père à fille, lui dit celui-ci. – Je n'ose pas. Qui serait assez audacieux pour prétendre à pareille chose ? – Au contraire, c'est moi qui ai peur d'essuyer un refus de ta part." Le lendemain matin,

1. Gerardo Reichel-Dolmatoff, 1973.

pendant que la femme se rendait au bois, elle rencontra de nouveau le tigre, mais cette fois en chair et en os, il tenait un énorme sanglier sur son dos. Aussitôt que l'animal l'aperçut, il déposa sa proie, la partagea en deux, lui en jeta une moitié et continua son chemin en emportant l'autre. Ce ne fut pas la seule fois que cette femme jouit de pareils reliefs, car, à dater de ce jour, elle n'avait qu'à aller à la forêt pour trouver des restes de cerfs ou de chevreuils que son père adoptif lui laissait[1]. »

Bien que missionnaire, le père Kemlin était néanmoins un excellent observateur et ses études ethnographiques sur les Reungao, dont il parlait bien la langue, font encore autorité aujourd'hui. Ainsi, il nous apprend que le pacte entre Oih et le tigre est un contrat *krao con bă*, l'une des nombreuses formes d'alliance que les Reungao peuvent conclure avec des humains et des autres qu'humains, chacune avec des obligations spécifiques pour les deux parties. Il est clair dans un tel cas que les inversions de perspective ne jouent aucun rôle dans les relations concrètes entre les collectifs humains et non humains, relations qui sont plutôt structurées par des formes d'échange contractuel présupposant qu'il n'y a pas d'équivoque possible quant à l'identité des parties impliquées et quant aux capacités de chacune pour que l'échange soit fructueux pour tous.

Un dernier type de relations caractéristiques des collectifs animistes est celui du don, ou du partage, dans lequel le transfert d'une valeur n'appelle pas de contre-transfert. En Amazonie, ce type de relations est bien illustré par les populations

1. Émile KEMLIN, 1999, p. 254.

parlant des langues arawak, dans le piémont des Andes centrales du Pérou, un groupe multiethnique auquel appartiennent les Matsiguenga dont j'ai mentionné plus haut le mythe perspectiviste. Au sein de cet ensemble, la générosité, la solidarité et la prédominance du bien commun sur les intérêts des parties ont été élevées au rang de règle suprême de comportement. Les animaux chassés et leurs maîtres sont essentiellement une race d'esprits appelés « nos gens » ou « nos congénères », qui sont considérés comme bien disposés envers les humains. La plupart des oiseaux chassés sont eux-mêmes des incarnations d'esprits, et leur mise à mort n'est qu'un simulacre : après que le chasseur a demandé son « vêtement », l'oiseau offre son enveloppe charnelle à la flèche par compassion pour le chasseur affamé, tout en préservant son intériorité immatérielle, qui se réincarne dans un corps identique ou retrouve son apparence humaine invisible. Il n'encourt donc aucun dommage et cet acte de bienveillance n'appelle aucune compensation. D'autres espèces communes de gibier à plumes sont les protégés, et non les avatars, d'esprits qui les donnent aux humains pour qu'ils les chassent. Cette gentillesse s'explique par le fait que les esprits, leurs transformations animales et les espèces qu'ils commandent sont ontologiquement identiques aux humains : les peuples arawak les considèrent comme des parents très proches, et le don de leurs restes est un simple gage du devoir de générosité qui doit prévaloir entre personnes de la même parenté[1].

1. Outre les travaux déjà mentionnés de France-Marie Renard-Casevitz, voir Gerhard Baer, 1994 sur les Matsiguenga et Gerald Weiss, 1975 sur les Campa.

L'altruisme et la prodigalité dont font preuve les esprits animaux dans le don de leurs dépouilles trouvent un écho dans les relations internes des collectifs humains au niveau de l'ensemble linguistique arawak subandin ; ces relations se caractérisent par un ethos où la confiance, la générosité et l'horreur de la contrainte sont privilégiées. Ces peuples ont en effet poussé très loin la volonté de conjurer en leur sein la dissension et l'altérité, en réduisant au minimum les écarts entre individus indispensables à l'établissement d'une relation de réciprocité ou de prédation. Ils sont particulièrement connus pour la forte censure qu'ils exercent à l'égard de la violence interne, source de rancœur durable et facteur de désagrégation du lien social. Les Matsiguenga offrent un exemple spectaculaire de cette inhibition de la dissension lorsque des hommes qui ont un différend, généralement à propos d'une femme, s'affrontent dans des joutes verbales : les provocations alternent avec les offres d'apaisement, et la querelle prend fin lorsque l'un des protagonistes, retournant contre lui-même l'agressivité qui le pousse, se met à se frapper à répétition, aussitôt imité par son adversaire[1]. L'idéal du don et du partage comme modèle dominant des relations entre les collectifs a été décrit dans de nombreuses autres régions de l'archipel animiste : par exemple, dans les tribus algonquiennes du nord de l'Amérique du Nord, plus au nord chez les Inuit, ou encore, plus loin, chez les Chewong de Malaisie et les Buid des Philippines[2].

1. France-Marie Renard-Casevitz, 1985, p. 88.

2. Voir Signe Howell, 1989 (1984) pour les Chewong et Thomas Gibson, 1986 pour les Buid.

Les termes que j'utilise pour décrire les relations caractéristiques de la sociologie animiste – prédation, échange et don – sont évidemment des abstractions anthropologiques qui ne sont pas formulées comme telles par les collectifs humains qui les mettent en œuvre. Ces trois grands régimes de relations synthétisent simplement chacune des formes d'obligation qui s'imposent ou non aux termes humains et non humains de la relation : l'obligation de rendre en échange, ou au contraire le droit de prendre sans rendre, droit qui vous est concédé dans le don, ou que l'on revendique pour soi dans la prédation. Mais, dans le vocabulaire des institutions locales de l'animisme, ces formes de relation sont formulées avec les mots des relations entre humains : les obligations d'échange sont exprimées avec le vocabulaire des relations entre affins ; le don est exprimé avec le vocabulaire des obligations entre parents proches, par exemple le partage de la nourriture ; tandis que la relation prédatrice au gibier est exprimée avec la terminologie propre à la guerre ou à la sexualité. Cependant, l'utilisation répandue dans l'ensemble de l'archipel animiste d'un vocabulaire dénotant les relations entre les humains pour désigner également les relations entre les collectifs de personnes humaines et les collectifs de personnes autres qu'humaines n'implique pas que ces dernières doivent être réduites à des projections métaphoriques des premières.

Il est vrai, en effet, que les relations entre humains sont en général mieux spécifiées que les relations entre non-humains, que les catégories d'humains sont moins nombreuses que les catégories de non-humains, et que les comportements à suivre entre humains sont mieux prescrits et codifiés que les autres. De plus, et c'est particulièrement le cas dans l'archipel animiste, la normativité des attitudes prescrites, par exemple entre types de parents, est renforcée par leur répétition : c'est en se conformant aux relations de familiarité ou d'évitement, de respect ou de plaisanterie avec tel ou tel parent que la légitimité et la normalité de leur caractère prescriptif émergeront. Mais c'est aussi parce que les relations entre humains permettent des variations plus larges que les interactions observables entre non-humains, notamment parce que leurs différences d'expressions instituées deviennent plus apparentes quand on compare les siennes, d'un œil critique, aux formes qu'elles prennent dans les sociétés voisines. Il suffit d'observer que le comportement des maris envers leurs femmes ou la manière dont les parents traitent leurs enfants est très différent dans la tribu voisine que l'on visite de temps en temps pour que, en conséquence, la relation entre les humains qu'elle qualifie apparaisse comme une relation discrète qui peut prendre plusieurs expressions. Les relations entre époux ou les relations entre parents et enfants ne sont donc pas seulement des catégories isolées par les anthropologues, elles fournissent à tous ceux qui les vivent la matière de commentaires réflexifs et de jugements évaluatifs qui donnent à ces relations une cohérence suffisante pour être utilisées à d'autres fins que la qualification des relations qu'elles caractérisent à l'origine. Les relations entre humains apparaissent ainsi comme des schèmes abstraits qui sont facilement mémorisables et plus faciles à mobiliser pour un usage plus large que les relations entre non-humains détectables dans un écosystème. C'est pourquoi les diverses expressions dans les institutions humaines de ce que j'ai qualifié de prédation, d'échange ou de don peuvent fonctionner dans les ontologies animistes comme des cadres cognitifs pour concevoir et qualifier non seulement les relations des humains avec tous les êtres auxquels ils imputent une intériorité analogue à la leur, mais aussi les relations entre ces êtres eux-mêmes. Il ne s'agit donc en aucun cas d'un usage métaphorique, mais plutôt de l'utilisation d'une étiquette empruntée au domaine des relations entre humains pour désigner une relation plus englobante.

Mais les cosmopolities animistes ne sont pas seulement composées d'êtres organisés en collectifs monospécifiques et des diverses relations qui se tissent entre eux ; elles ont aussi besoin d'un support matériel pour que les éléments qui les composent – humains et autres qu'humains – puissent déployer leur existence ; elles doivent donc s'organiser pour se partager les territoires et les ressources qu'ils contiennent. Or, une caractéristique assez commune de la territorialité des collectifs monospécifiques est la différence de forme qu'elle revêt selon qu'il s'agit de collectifs humains ou non humains. Sauf cas particuliers comme celui des chasseurs-cueilleurs de langue nadahup (anciennement désignés sous le terme péjoratif de Makú) et des horticulteurs tukano du nord-ouest de l'Amazonie dont les aires d'usage étaient en partie imbriquées, les tribus-espèces humaines occupent généralement des territoires qu'elles ne partagent pas avec d'autres tribus-espèces humaines, tandis que les tribus-espèces non humaines utilisent le plus souvent les mêmes espaces que les tribus-espèces humaines et les autres tribus-espèces non humaines. En d'autres termes, les territoires des humains qui, dans le monde animiste, exploitent généralement les mêmes ressources à l'échelle régionale et entrent donc en relation avec les mêmes types de non-humains, sont largement exclusifs et organisés selon un schéma concentrique avec un gradient décroissant de contrôle par rapport aux sites d'habitat[1]. Alors que les territoires des non-humains, en particulier ceux des animaux, sont structurés de manière complémentaire sur le modèle de la niche écologique où des tribus-espèces distinctes cohabitent, soit pour exploiter des ressources différentes dans le même espace, soit pour exploiter les mêmes ressources à des moments différents, soit pour partager la ressource sous le régime de la commensalité lorsqu'elle est abondante. En conséquence, la relation des tribus-espèces humaines à la terre peut être très différente de celle des tribus-espèces non humaines. J'examinerai une modalité, en Mélanésie, celle des Kasua de la région du mont Bosavi, au cœur des hauts plateaux de Papouasie-Nouvelle-Guinée, à laquelle Florence Brunois a consacré une remarquable monographie[2]. Il s'agit d'un travail très original puisque l'autrice

1. Ce schème concentrique est une caractéristique générale de l'occupation des terres qui peut être combinée à d'autres formes de contrôle territorial, telles que l'exploitation pluriethnique de ressources locales partagées (par exemple, les dépôts de saumure naturelle pour la production de sel), ou des lieux spécifiques dotés d'un statut extraterritorial et utilisés comme lieux d'échanges et de trocs interethniques ou, enfin, un accès temporaire accordé aux visiteurs d'autres tribus dans des circonstances particulières.

2. Florence Brunois, 2007.

traite de manière complètement symétrique, comme autant de composantes de statut égal cohabitant dans un cosmos forestier, les clans kasua et les races d'esprits, les animaux et les plantes, les techniques et les récits rituels. Le point central de son étude est le réseau dense de liens d'interdépendance entre les humains et les non-humains dans cette région biogéographique qui possède la plus grande biodiversité de Nouvelle-Guinée, une étude qui a le rare mérite de ne pas considérer les humains et les autres qu'humains comme des entités *a priori* confinées dans des sphères distinctes, mais comme des éléments d'un espace commun sociocosmique. Brunois utilise ainsi la même grille descriptive et analytique pour rendre compte des propriétés et des formes relationnelles des différents occupants du cosmos kasua, qu'ils soient humains, esprits ou animaux. La richesse de ses descriptions ethnographiques rend la synthèse difficile, je me limiterai donc à donner un bref aperçu des collectifs humains et autres qu'humains vus à travers leur relation au territoire.

La zone écologique actuellement occupée par les Kasua, une population d'un peu moins de 600 personnes, est une forêt tropicale humide s'étendant sur 2 000 km^2, un habitat qui offre une grande diversité d'écosystèmes et que les Kasua ne partagent avec aucune autre population humaine. Ces derniers présentent des caractéristiques animistes incontestables : ainsi, les animaux sont considérés comme possédant une intériorité de même nature que les humains, chaque espèce se distinguant des autres par ses caractéristiques physiques et comportementales, ses dispositions et ses traits culturels propres. En outre, et j'y reviendrai plus tard, les esprits, qui se perçoivent comme des humains dans le monde invisible, voient les doubles spirituels des humains comme des gibiers, un cas classique de perspectivisme animiste, très courant dans cette région de Nouvelle-Guinée. En revanche, les animaux ordinaires, c'est-à-dire ceux qui ne sont pas l'incarnation temporaire d'esprits, ne sont pas décrits par les Kasua comme vivant dans des collectifs organisés selon des conventions sociales et culturelles du type de ceux des humains[1], contrairement à d'autres parties de l'archipel animiste.

L'aspect le plus caractéristique des collectifs composant le cosmos kasua est le fait qu'ils sont non seulement fortement territorialisés, mais aussi et surtout définis en premier lieu par l'habitat qu'ils occupent. Commençons par les collectifs animaux. Les Kasua distinguent huit grandes catégories supragénériques dont le nom peut se substituer à celui des espèces identifiées. Celle qui nous intéresse ici, *abele*, comprend les mammifères et les casoars. En fait, *abele* est à la fois un taxon supragénérique et une catégorie fonctionnelle, puisque le terme désigne principalement les animaux chassés ; en d'autres termes, les 51 espèces de mammifères et les deux espèces de casoars regroupées sous la catégorie *abele* sont considérées comme le gibier par excellence. Au sein de cette catégorie, les animaux sont classés selon leurs niches écologiques : la montagne, c'est-à-dire la partie la plus élevée du territoire, et, pour les autres, les lieux où ils nichent, c'est-à-dire les cavités des arbres, les terriers, les nids ou la base des arbres. De même, les oiseaux, *anema*, sont répartis selon le

1. F. Brunois, *ibid.*, p. 100, note de bas de page 29.

niveau qu'ils fréquentent, des coureurs aux oiseaux du ciel. En raison de la stratification altitudinale du cosmos kasua, il n'est pas étonnant que les quelque 400 espèces animales qui l'occupent soient réparties en une mosaïque de niches écologiques, chacune d'entre elles ayant un territoire qui est reconnu comme un espace de vie distinctif.

De la même manière qu'il n'existe pas de terme supragénérique pour « animal » en kasua, ce qui ne permet pas, du moins sur le plan sémantique, d'isoler les animaux au sein du cosmos forestier en tant que macrocatégorie d'êtres indépendants des territoires qu'ils occupent, il n'existe pas non plus de terme supragénérique qui distinguerait les humains en tant que groupe exclusif. Le terme le plus proche, *olo e tolu*, peut se traduire par « ceux d'en bas », ou les « lignées d'en bas », et s'oppose logiquement à « ceux d'en haut », *wabele e tolu*, c'est-à-dire les esprits, les deux ensembles étant définis spatialement plutôt qu'ontologiquement. Voyons comment se définit le collectif humain. Les Kasua se répartissent en 13 clans patrilinéaires exogames nommés, qui sont avant tout fortement territorialisés. Chaque clan se singularise par le fait que ses membres partagent le même sang, une consubstantialité qui est à la base de la prescription des mariages exogames, mais qui doit aussi, pour être véritablement visible, s'exprimer dans un langage spatial : la consanguinité ne peut être pensée que territorialement. Depuis que les dernières migrations se sont stabilisées il y a plusieurs générations dans les territoires claniques actuels, généralement clairement délimités par des rivières, ceux-ci n'ont guère changé. Comme l'écrit Brunois, « les territoires claniques sont des patrimoines écologiques indivisibles[1] ». Ils sont de taille variable et situés à des altitudes très différentes, de telle façon que chacun d'eux constitue une sorte de niche écologique singulière fournissant au clan qui l'occupe, en plus de la farine de sagou qui est l'aliment de base sur l'ensemble du territoire kasua, un ensemble de ressources animales et végétales qui lui est propre. Cette association entre un clan et son territoire, conçu comme une niche écologique, est sanctionnée par une série d'interdictions. Ainsi, il est interdit de chasser tout animal dont on sait que la niche écologique se situe en dehors du territoire du clan où il s'est aventuré. De même, un étranger ne chassera ni ne pêchera jamais un animal sur le territoire d'un autre clan, à moins d'y être officiellement invité. Il en va de même pour les plantes, en particulier les palmiers sagoutiers. De même, il est interdit à un étranger extérieur au clan d'abattre un arbre sur le territoire de ce clan, d'y défricher une terre, et même d'y récolter les fruits ou les plantes cultivées d'un ancien jardin en jachère. Bref, les territoires des collectifs humains et non humains sont ici à la fois segmentés – entre les clans – et coïncidents – au sein de chaque niche écologique.

Cette territorialisation transpécifique affecte également les territoires des esprits, « ceux d'en haut ». Ces derniers sont généralement invisibles et se distinguent principalement des humains, « ceux d'en bas », par le fait que leur lieu de résidence se trouve dans la canopée de la forêt.

1. F. Brunois, *ibid.*, p. 114.

Ils sont subdivisés en trois tribus-espèces : les *Gulu hon*, doubles des morts humains, les *Sosu* et les *Isanese*, chacune composée d'individus des deux sexes et de différentes générations qui se perçoivent comme des humains. Ce qui différencie chacune de ces tribus-espèces n'est pas l'apparence, mais plutôt le comportement social, alimentaire et surtout territorial de chacune d'entre elles. Les *Sosu*, guerriers et cannibales, sont confinés sur les pentes supérieures du mont Bosavi, tandis que les *Isanese*, composés d'une centaine d'individus, chacun identifié par un nom, sont répartis sur l'ensemble du territoire, et mènent une vie sociale et rituelle assez semblable à celle des Kasua. Quant aux *Gulu hon*, les doubles des morts, ils forment une tribu-espèce singulière, puisque ses membres ne naissent pas en tant que tels, mais le deviennent. Ces humains transformés vivent dans un endroit spécifique, près de la cascade d'Ululu, dans une grande maison.

Toutes ces tribus-espèces d'esprits qui restent invisibles en temps normal ont la capacité d'intervenir dans le monde visible, principalement en empruntant occasionnellement l'enveloppe de n'importe quel animal choisi dans la niche écologique que chaque communauté d'esprits occupe. Ainsi, les esprits *Sosu* se manifestent sous la forme des animaux caractéristiques de leur habitat, l'écosystème de haute altitude du mont Bosavi, tandis que les esprits *Isanese* sont divisés en collectifs territorialisés correspondant à chacun des territoires claniques des Kasua, et ils prennent donc la forme des animaux caractéristiques des écosystèmes correspondant à chacun de ces territoires.

Au sein de chacun de leurs territoires, les esprits *Isanese* occupent des sites d'habitat localisés avec précision, le plus souvent des arbres, des collines, des grottes et des cascades. Dans ces sites, les *Isanese* se manifestent par des signes concrets : empreintes de pas des cochons apprivoisés par les esprits qui s'arrêtent au pied de l'arbre à sagou où ils vivent, ou bruits domestiques tels que la fermeture d'une porte ou la coupe de bois de feu à la hache. Les Kasua prennent grand soin de ne pas perturber les esprits : par exemple, de ne pas déranger les sites où vivent les *Isanese*, ou de parler entre eux la langue spéciale des *Sosu* lorsqu'ils pénètrent sur leur territoire. Sinon, les esprits désertent la zone ou se mettent en colère, effrayant le gibier et attaquant les humains. Les règles de cohabitation dans le cosmos forestier du Bosavi sont très strictes : le partage d'une même niche écologique formant un territoire pour un clan humain, pour des groupes d'esprits, et pour des espèces animales et végétales nécessite le maintien de relations d'échange équitables entre toutes ces communautés. Ainsi, dans chaque territoire de clan kasua, il y a un chevauchement spatial des milieux de nombreuses tribus-espèces qui doivent donc trouver des accommodements entre elles.

En Nouvelle-Guinée, comme en Amazonie, on observe bien des cas où le processus d'intensification de l'utilisation des ressources cultivées et de contrôle d'un territoire par un collectif humain va de pair avec l'émergence d'un secteur périphérique de plus en plus étranger aux relations ordinaires de sociabilité entre humains, ainsi qu'entre humains et non-humains[1]. Il faut toutefois se garder d'établir une corrélation automatique entre le degré d'anthropisation effective et la marginalisation des territoires des non-humains, notamment des esprits. Une telle équivalence reviendrait à une sorte de transcendantalisation progressive des métapersonnes qui perdraient leur statut d'immanence, caractéristique de l'animisme, lorsqu'elles seraient contraintes de vivre à la périphérie d'un territoire au fur et à mesure de son anthropisation. Il n'en reste pas moins que la coexistence, dans un régime animiste, de différents types de territoires selon les collectifs humains et non humains qui les occupent pose des questions complexes, tant pour les humains qui doivent assurer l'égalisation de ces territoires, que pour l'établissement de garanties juridiques protégeant ces territoires dans le cadre des États-nations. Comment concilier les intérêts des humains, qui dans la plupart des cas revendiquent l'usage exclusif du milieu qu'ils occupent vis-à-vis des autres humains, avec les intérêts des diverses catégories de non-humains ? Parmi eux, d'une part, les plantes et les animaux qui sont réputés se comporter comme des humains et qui partagent leurs territoires avec les humains sous la forme de niches écologiques complémentaires et, d'autre part, d'autres types de non-humains, généralement des esprits plus ou moins vindicatifs dont les territoires coïncident peu, complètement ou pas du tout avec ceux des humains, qui sont néanmoins dépendants à bien des égards des actions de ces médiateurs généralement invisibles avec lesquels il ne faut

1. Pour des cas en Papouasie-Nouvelle-Guinée, voir par exemple Peter D. Dwyer, 1996.

donc pas perdre le contact. La cosmopolitique devient ici un exercice diplomatique entre tribus-espèces.

Dans une situation ordinaire, sans pression extérieure sur les territoires des humains et des autres qu'humains, la tribu-espèce humaine se débrouille généralement dans ces situations d'imbroglio avec les moyens ordinaires des collectifs animistes, du contrôle direct ou indirect de la démographie humaine aux règles prudentielles de la chasse et de la pêche, en passant par les médiations rituelles avec les esprits protecteurs des plantes et des animaux. Mais la situation n'est plus ordinaire et les collectifs animistes sont désormais exposés en première ligne au grand mouvement de pillage territorial qui dévore leurs milieux de vie. Contraints de protéger leurs territoires contre les multinationales extractives ou la colonisation agricole, ils doivent adapter la stratification territoriale et les modalités de cohabitation entre humains et non-humains que je viens de décrire à une logique d'appropriation exclusive et spatialement délimitée, caractéristique d'une ontologie naturaliste.

Un territoire animiste peut-il être circonscrit ?

On trouve un bon compte rendu des difficultés de cette adaptation dans un article de l'anthropologue colombien Juan Álvaro Echeverri, qui relate son expérience de médiateur dans la définition du Predio Putumayo, un territoire protégé de 60 000 km^2 dans le sud de l'Amazonie colombienne[1]. Il

1. Juan Álvaro Echeverri, 2005.

met notamment en évidence une différence de point de vue majeure entre, d'une part, les naturalistes et les géographes qui définissent les aires protégées en termes de zonage écologique selon le modèle de l'écologie du paysage et, d'autre part, les organisations autochtones pour qui les questions de délimitation passent après une conception non archétypale du territoire, fondée sur les types de milieux qui rendent possibles certains types de relations. En Amazonie, par exemple, et à l'opposé du schème cartographique bidimensionnel de la territorialité, la conception indigène repose sur un schème organiciste dans lequel le territoire est un grand corps vivant qui se nourrit, se reproduit et tisse des liens avec d'autres corps. Il n'est pas indifférent en ce sens que la maison collective dans certaines parties de l'Amazonie soit souvent décrite comme un corps qui entretient des relations avec d'autres corps-maisons. Le territoire est le lieu de vie où cet organisme déploie son appétit en utilisant d'autres organismes qu'il consomme ou avec lesquels il compose ; il prend ainsi la forme d'un réseau de relations à la densité décroissante plutôt que d'un polygone délimité par des frontières fixes. Cela implique que le territoire ne peut être réduit à une vaste enceinte vue du ciel, délimitée selon le point de vue de Sirius, et découpée en couches d'informations précisant les caractéristiques des zones qui le composent. Il faut plutôt l'appréhender de l'intérieur, au niveau des échanges synécologiques, et selon le point de vue de l'une de ses composantes qui interagit avec les autres sans leur imposer sa perspective totalisante. Le problème de cette conception est qu'elle ne se prête pas facilement aux opérations d'identification et de démarcation par lesquelles les réserves autochtones et les aires protégées sont consacrées dans le droit des États-nations. Où s'arrête le milieu nécessaire à l'existence de ce corps-territoire ? Que contient-il exactement et à quel moment la disparition de certains de ses éléments rendra-t-elle sa survie impossible ? Ce sont là des questions cruciales auxquelles tous ceux qui ont eu à intervenir dans la définition juridique des territoires autochtones ont dû faire face, en premier lieu les peuples indigènes eux-mêmes, et qui, dans l'état actuel de la conception moderne de l'appropriation, ne peuvent que conduire à des compromis.

Je vais en donner un bref exemple avant de me tourner vers d'autres types de collectifs. En Amazonie équatorienne vit une population de langue kichwa qu'on appelait autrefois les Canelos, d'après une mission dominicaine, et qui est maintenant mieux connue sous le nom générique de Sacha Runa, « gens de la forêt » en kichwa. Ils mènent une vie villageoise et s'organisent en communautés portant le nom du principal site d'implantation, souvent regroupées autour d'une chapelle parfois visitée par un prêtre dominicain. Il n'y a pas de différences culturelles, sociales ou linguistiques significatives entre ces communautés villageoises de langue kichwa disséminées le long des rivières des basses terres centrales de l'Équateur, mais chacune a tendance à se considérer comme un collectif autonome ayant sa propre identité. L'une de ces communautés, située sur le cours moyen de la rivière Bobonaza, s'appelle Sarayaku, du nom du grand village qui constitue son habitat principal. Sarayaku a acquis une certaine notoriété internationale en raison de son activisme dans la défense de ses droits fonciers et du rôle militant d'une ONG française qui le soutient. Une délégation de Sarayaku était présente à la COP 21 à Paris en 2015 et y a présenté un document très intéressant intitulé « Kawsak Sacha – la forêt vivante. Proposition des peuples premiers face au changement climatique ». Ce document appelle à la reconnaissance du territoire que ce collectif amérindien partage avec une multitude d'autres qu'humains et à la création d'une toute nouvelle catégorie d'aire protégée qui porterait le nom générique de *Kawsak Sacha*, « forêt vivante » en kichwa. La définition donnée n'est pas très différente de celle que j'ai proposée pour l'animisme : « *Kawsak Sacha* signifie que la forêt est entièrement composée d'êtres vivants et des relations communicatives que ces êtres entretiennent ; [tous] ces êtres, de la plus petite plante aux esprits protecteurs de la forêt, sont des personnes (*runa*) qui [...] vivent en communauté et développent leur existence d'une manière analogue à celle des humains ». C'est pourquoi « l'objectif est [non seulement] de préserver les territoires des premières nations, [mais aussi] la ***relation matérielle et spirituelle*** que ces peuples tissent avec les autres êtres qui peuplent la forêt vivante[1] ». Ce qui importe ici, donc, c'est la définition du territoire comme une forme de relation singulière entre humains et non-humains qui se déploie dans un milieu, et non comme

1. « Kawsak Sacha – selva viviente : Propuesta de los Pueblos Originarios frente al cambio climático », <https://comunitariapress.wordpress.com/2015/11/17/kawsak-sacha-selva-viviente-propuesta-de-los-pueblos-originarios-frente-al-cambio-climatico/> ; ma traduction, c'est moi qui souligne.

un espace délimité contenant des ressources à protéger ou à exploiter.

Cependant, si les dirigeants de Sarayaku ont pris la décision de définir le milieu qui abrite leur collectif à la manière d'un espace ouvert de relations entre humains et non-humains, ils ont également pris l'initiative de délimiter ce milieu sous la forme d'un territoire classique en plantant des arbres aux fleurs contrastées à sa périphérie, qui formeront ainsi une frontière visible vue du ciel. L'idée est certes originale et biophile à première vue, mais on voit qu'elle aboutit à produire un miniterritoire westphalien, c'est-à-dire un grand quadrilatère à usage exclusif et aux limites intangibles, reconnaissable seulement vu d'en haut et extrait du milieu qu'il forme et des relations qui le constituent, en parfaite contradiction avec la définition du *Kawsak Sacha* comme forêt vivante. Cet exemple amazonien montre comment, aux fins de la reconnaissance juridique, deux conceptions du territoire entrent en conflit : une conception animiste, non territoriale, dans laquelle le territoire est vu et pratiqué comme une forme de relation singulière entre les humains et les non-humains se déployant dans un milieu de vie assimilé à une sorte de méga-organisme, et une conception westphalienne imposée par les États-nations dans laquelle le territoire est vu comme un espace strictement délimité à usage exclusif contenant des ressources à protéger ou à exploiter au seul bénéfice des humains.

À première vue, les cosmopolities animistes paraissent complètement en contradiction avec les cosmopolities naturalistes. Néanmoins, et bien que les principes constitutifs des premières semblent difficilement transposables aux « sociétés » modernes pour rendre ces dernières plus accueillantes envers les autres qu'humains, elles offrent matière à réflexion cosmopolitique. Par exemple, l'idée que chaque tribu-espèce, humaine ou non, forme un collectif autonome qui doit négocier son *Lebenswelt* et sa coexistence avec d'autres unités similaires peut offrir un parallèle avec la personnalité morale des institutions contemporaines, qui permettraient à des associations, des entreprises, des États, des organisations intergouvernementales, ainsi que leurs composantes non humaines – capital, terres, bâtiments, machines, ressources matérielles –, d'être traités comme des sortes de tribus-espèces. Cependant, et pour être fidèle au modèle animiste, une condition importante serait requise : que la relation entre les collectifs concernés soit placée sur un pied d'égalité, c'est-à-dire aussi équitable qu'elle l'est dans le monde animiste – où même les relations de prédation entre deux termes ne sont jamais fondées sur une inégalité *a priori* de statut ontologique. Cette condition n'est actuellement remplie nulle part dans le monde moderne, bien que, sous différentes formes, ce soit un objectif politique pour lequel des gens se battent. Cela a été clairement démontré en 2012, lors des consultations préliminaires pour l'adoption d'une loi en Bolivie qui ferait de la nature un « sujet collectif d'intérêt général », lorsqu'un représentant lucide des communautés autochtones a quitté les négociations, déclarant qu'une telle loi (adoptée par la suite et saluée comme une étape importante par les mouvements écologistes) « ne propose aucun changement dans la structure de base du système capitaliste ni une reconfiguration de l'État-nation[1] ».

Peut-être plus appropriée à la situation actuelle est la manière dont les principes de la cosmopolitique animiste pourraient être appliqués à la protection de l'environnement. Telles qu'elles sont maintenant mises en œuvre par des organisations internationales et des ONG, les politiques de conservation de la nature sont profondément ancrées dans une ontologie naturaliste. Car ces politiques sont fondées sur l'idée que seuls les Modernes ont acquis un accès à la véritable intelligence de la nature, dont les autres cultures n'ont que des représentations approximatives – qu'il vaut mieux laisser aux anthropologues le soin d'étudier. Ce régime épistémologique, que Bruno Latour appelle « universalisme particulier[2] », implique que les principes régissant la conservation de la nature qui découlent du développement des sciences modernes devraient être imposés à tous les collectifs extra-modernes qui n'ont pas été en mesure d'acquérir une compréhension claire de leur nécessité parce qu'ils n'ont pas suivi la même trajectoire que nous, et en particulier parce qu'ils n'ont pas été en mesure d'imaginer que la nature existait en tant que sphère indépendante des humains. « Vous viviez en harmonie avec la nature, leur dit-on, mais maintenant que vous avez des tronçonneuses, nous devons vous apprendre

1. Cité sur le site Web de Carwil Bjork-James, « Bolivia's New Mother Earth Law to Sideline Indigenous Rights », <https://woborders.blog/2012/08/24/new-mother-earth-law-sidelines-indigenous/>, 24 août 2012.

2. Bruno Latour, 1991, p. 142.

à ne pas toucher à vos forêts, devenues patrimoine mondial en raison de leur grande biodiversité. » Une attitude très condescendante, quand on sait que la forêt amazonienne est en partie anthropogénique, sa composition floristique étant le produit de millénaires de manipulations végétales par ses habitants autochtones[1].

Comment rendre ce type d'universalisme moins ouvertement impérialiste, sans renoncer à protéger la biodiversité comme moyen de préserver la splendeur du monde ? Une option possible serait ce que nous pourrions appeler « l'universalisme relatif », l'adjectif « relatif » étant compris ici dans le sens de « pronom relatif », c'est-à-dire se référant à une relation[2]. L'universalisme relatif ne part pas de la nature et des cultures, des substances et des esprits, des discriminations entre qualités primaires et secondaires, mais des relations de continuité et de discontinuité, d'identité et de différence, de ressemblance et de dissemblance que les humains établissent partout entre les objets de leur environnement au moyen des outils hérités de leur phylogénie : un corps, une intentionnalité, une capacité à percevoir des différences distinctives, la capacité à entrer en relation d'attachement ou d'antagonisme, de domination ou de dépendance, d'échange ou d'appropriation, de subjectivation ou d'objectivation avec tout autre être. L'universalisme relatif n'exige pas pour condition préalable une matérialité égale pour tous les êtres exprimée dans

1. Voir, par exemple, William Balée, 1989.

2. Pour un développement plus ample du concept, voir Philippe Descola, 2005, p. 346-347.

des significations contingentes ; il reconnaît simplement la proéminence du discontinu, dans les choses comme dans les mécanismes de leur appréhension, et admet qu'il existe un nombre réduit de formules pour actualiser cette potentialité offerte, soit en ratifiant une discontinuité phénoménale, soit en l'invalidant dans une continuité.

Si l'universalisme relatif est susceptible de déboucher sur une éthique – c'est-à-dire sur des règles d'usage du monde auxquelles chacun pourrait souscrire sans faire violence aux valeurs dans lesquelles il a été élevé –, cette éthique reste à construire pierre par pierre, ou plutôt relation par relation. Pourtant, la tâche n'est pas impossible. Elle nécessite de dresser un inventaire des relations entre les humains, et entre les humains et les autres qu'humains, et de s'accorder pour bannir celles qui donneraient lieu à un opprobre général. Il est facile d'imaginer que les formes les plus extrêmes de relations inégales entreraient dans cette dernière catégorie : par exemple, l'anéantissement gratuit de la vie, la mercantilisation des êtres sensibles ou la standardisation des modes de vie et des comportements. Et comme, en raison du consensus nécessaire pour sélectionner les relations retenues, aucune d'entre elles ne pourrait être considérée comme supérieure à une autre, les valeurs attachées à des pratiques, des savoirs ou des sites singuliers pourraient être fondées sur les relations qu'ils mettent en évidence dans le contexte particulier de leurs usages, sans tomber dans des justifications contingentes ou fondées sur des calculs immédiats d'intérêts. Par exemple, et pour revenir à la question de la conservation de la nature, là où les humains considèrent comme normal et souhaitable d'entretenir des relations intersubjectives avec les plantes, les animaux et les esprits, il devrait être possible de légitimer la protection d'un environnement particulier non pas par ses caractéristiques écosystémiques intrinsèques, mais par le fait que les animaux sont traités comme des personnes par les populations locales – généralement chassés, incidemment, mais avec des précautions rituelles. Nous aurions ainsi une catégorie d'aires protégées qui pourraient fonctionner essentiellement sous un « régime animiste » – en Amazonie, au Canada, en Sibérie ou dans la forêt malaisienne – sans que cela exclue l'ajout de justifications fondées sur des relations de type naturaliste – la maximisation de la biodiversité ou la capture du carbone, par exemple – tant que les relations du second type, c'est-à-dire portées par des acteurs éloignés, ne vont pas trop à l'encontre des conditions d'exercice des relations mises en œuvre par les acteurs locaux[1].

1. J'ai suggéré une telle démarche en 2006 à la division du patrimoine mondial de l'Unesco, sans succès.

3.

Composer avec la hiérarchie

Les collectifs analogistes se distinguent de manière frappante des collectifs animistes. Leurs différences sont multiples, mais la plus importante réside dans leur recrutement. Alors que les collectifs animistes regroupent une seule catégorie d'êtres – une variété d'humains, une espèce animale ou végétale, une race d'esprits – qui interagissent avec les autres selon les normes de comportement en vigueur dans le collectif humain qui qualifie le reste des collectifs, les collectifs analogistes sont des assemblages sociocosmiques à la composition hétérogène, puisqu'ils intègrent « tout sous le ciel » (*tianxia*), pour citer la célèbre définition de l'Empire céleste dans la Chine prémoderne, une entité politique ainsi qu'un *worldscape*[1]. La relation aux lieux est donc forcément très différente dans chaque cas. Le régime animiste de territorialité signifie

1. Mingming Wang, 2012, p. 338.

que des collectifs dont les compositions, les modes de vie et les usages du lieu divergent cohabitent néanmoins dans le même espace et doivent donc s'accommoder les uns des autres d'une manière ou d'une autre. La situation est tout à fait différente dans les collectifs analogistes, car si l'espace général est commun à tous – c'est le cosmos – la répartition des composantes du collectif dans cet espace est très compartimentée, segmentée en quartiers, orientations, territoires de clans, sites sacrés, sanctuaires et temples, en divisions de royaume ou d'empire. Dès lors, la question se pose rapidement de la nécessité d'un dispositif, à la fois pour permettre la répartition des segments d'humains et d'autres qu'humains dans l'espace, et pour réguler les usages différenciés qu'ils en font. C'est en réponse à ce type de situation que des principes de totalisation émergent : rois, divinités, prophètes, chefs faiseurs de pluie…

Quelles sont les caractéristiques des collectifs dans lesquels s'exprime une ontologie analogiste ? La principale est que le cosmos et la société humaine sont indissociables, quels que soient les types de segmentation interne qu'un ensemble aussi vaste nécessite pour rester opérationnel. La sociologie et l'histoire ont appelé ces polities « sociétés d'ordres » – que l'on songe, par exemple, à la trifonctionnalité identifiée par Dumézil dans la mythologie indo-européenne, ou à ce que Henry Maine a appelé les « sociétés de statut ». Mais à condition de préciser que ces ordres dépassent largement la sphère humaine, à la manière de la grande chaîne de l'être, cette conception du plan et de la structure du monde qui a dominé au Moyen Âge et à la Renaissance. Et si un collectif analogiste contient le cosmos tout entier, de sorte qu'il est impossible d'y isoler un ensemble autonome d'humains que l'on pourrait appeler une société, chacun des segments qui le composent est lui-même une association composite mettant en scène des humains, des sites, des animaux, des ancêtres, des montagnes et mille autres choses encore, tous participant à leur place à la diversité du monde dont le collectif est l'expression.

Une autre caractéristique des collectifs analogistes est l'utilisation généralisée des symétries spatiales et temporelles et des mises en abyme répétitives dans toutes les dimensions de l'existence. Les quartiers, les orientations, les étages cosmiques qui se réfèrent les uns aux autres, la bascule périodique du cosmos sur son axe et la répétition du passé dans le futur, les ancêtres déifiés dont les restes sont exposés pour maintenir vivant le fil qui les relie au présent – tout est fait pour qu'aucune singularité ne reste en dehors du grand réseau des connexions. La relation à la terre joue ici un rôle majeur, tant dans l'ordonnancement de l'espace selon des axes et des coordonnées, que dans l'importance accordée à certains sites, généralement cérémoniels, où se réaffirment périodiquement les droits sur les ressources locales et les attachements à ceux qui les rendent possibles. Mais la relation à la terre prend aussi un aspect singulier dans de nombreux collectifs analogistes, car elle se caractérise par une sorte de souveraineté indirecte et distribuée : le terroir agricole, les lieux de pêche, les territoires de chasse, les sites d'extraction de pigments, de fer ou d'argile – en somme, la terre utile – sont contrôlés par les segments qui composent le collectif, tandis que le cosmos, sa reproduction et sa fertilité sont sous le contrôle d'un seul individu, généralement un roi, qui n'a de comptes à rendre à personne. En effet, dans la plupart des royaumes précoloniaux, d'Afrique, d'Asie et des Amériques, le monarque, ses proches et ses protégés ne sont pas propriétaires de la terre et ne peuvent en tirer un revenu direct ; ils sont plutôt considérés comme des rouages d'une machinerie religieuse au cœur de laquelle se trouve le roi, et qui fonctionne comme la condition pour que la Terre soit en harmonie avec elle-même, que le sol soit productif, que la pluie arrive au bon moment. Si un tribut est prélevé, il l'est après la récolte, comme une sorte de contrepartie de son abondance ; sinon, il faut craindre la colère des paysans contre celui dont la mission est d'assurer la fertilité du royaume. Une grande partie des richesses ainsi obtenues était redistribuée par le roi à ses courtisans, ou investie dans des fêtes somptueuses et ostentatoires organisées au profit de tous, célébrant l'unité du collectif. En fait, on pourrait probablement généraliser à de nombreux royaumes prémodernes ce que John Beattie a écrit des Banyoro d'Ouganda : « Le Mukama [roi] gouverne le peuple ; les clans gouvernent la terre[1]. » Dans la plupart de ces royaumes, les communautés locales ou les groupes de parenté étaient les maîtres reconnus de la terre, principalement parce que ces unités sociales étaient considérées comme ayant reçu l'usufruit des droits d'utilisation des terres de leurs véritables propriétaires ou maîtres, les esprits, divinités ou génies du lieu.

1. John Beattie, 1971, p. 167, ma traduction.

C'est la capacité d'incarner et donc de rendre possible un destin commun, un projet partagé et une prospérité profitant à tous qui permet aux délégués en ce monde de pouvoirs extrahumains d'exercer un pouvoir qu'ils ne tirent pas, ou rarement, d'un contrôle effectif et direct des moyens de production. La clé de leur succès réside dans le fait que les humains n'ont aucun contrôle sur les conditions de leur existence : la mort, le malheur, la vitalité et la fertilité sont capricieux et, en particulier là où domine la subsistance basée sur la culture des céréales – c'est-à-dire dans la plupart des collectifs analogistes –, l'imprévisibilité de leurs manifestations rend les humains particulièrement dépendants de ceux qui sont censés contrôler et faciliter l'existence matérielle. Dans les collectifs analogistes, encore plus que dans les autres collectifs extramodernes, l'ordre social n'est pas déterminé par les conditions légales de production, c'est-à-dire, en termes matérialistes, par les humains qui possèdent les moyens de production, puisque l'utilisation efficace de ces moyens – dans l'agriculture, dans l'élevage – dépend en fin de compte des dispositions d'agents autres qu'humains ou qui ne sont plus humains – divinités, esprits du lieu, ancêtres – et de l'habileté des spécialistes rituels qui représentent physiquement ces agents ou font office de médiateurs avec eux. Le pouvoir de ces spécialistes – rois sacrés, magiciens, faiseurs de pluie, prêtres – repose donc rarement sur la propriété exclusive des moyens de production. Leur pouvoir réside essentiellement dans leur capacité à être perçus comme un moyen de production légitime – le plus décisif, sans aucun doute, permettant à tous les autres moyens de production de remplir efficacement leurs fonctions –, à savoir le pouvoir surhumain d'assurer la fertilité des pâturages et des champs, de tenir à distance les sécheresses, les pluies torrentielles ou les insectes ravageurs des cultures, ou de maintenir le débit des sources et des rivières. En dernière analyse, peu importe qui est propriétaire de la terre, puisque l'accès à celle-ci, et le travail humain nécessaire à son exploitation, ne sont que des conditions nécessaires mais non suffisantes ; et ce qui est surtout nécessaire pour la faire fructifier, c'est la capacité de médiation d'un individu ou d'un groupe humain ainsi investi d'une position qui le détache du collectif.

Comment cette position de détachement advient-elle ? Les collectifs analogistes sont toujours constitués de segments imbriqués – groupes de parenté, castes, sections – regroupant des humains et des non-humains particularisés par leur localisation. Dans un monde composé d'un nombre immense de singularités, cet agencement est sans doute essentiel pour qu'aucune d'entre elles ne reste en dehors du grand réseau des correspondances. Les individus solitaires sont donc rares dans ce genre de collectif, ou bien ils doivent se dégager des servitudes partagées et des cascades hiérarchiques, comme les « renonçants » en Inde ou le Dieu de la tradition mosaïque. Les autres éléments du collectif ne peuvent affirmer leurs différences que s'ils sont cousus ensemble dans les motifs entrelacés et isomorphes fournis par le réseau de coordonnées dans lequel chacun, humain ou non, est enserré. Le feuilletage segmentaire et le souci des correspondances rendent cela possible : ce qui était dissemblable à un niveau apparaît similaire à un autre, par rapport à un nouvel ensemble de différences, bien que les particularismes intrinsèques ne soient jamais effacés, puisqu'il s'agit toujours d'une question de perspective. Souvent, donc, au sommet de la hiérarchie, trône une seule instance dans laquelle tous les points de vue sont rassemblés et toutes les divisions convergent, de sorte que ces couches successives d'intégration deviennent finalement totalisables : l'Inca, le pharaon, un roi divin, ou même, plus modestement, un chef faiseur de pluie. Ces principes totalisants sont dans une position étrange, car ils sont à la fois à l'intérieur et à l'extérieur du collectif. En effet, les segments d'un collectif analogiste sont hétéronomiques en ce qu'ils n'acquièrent sens et fonction que par rapport à l'ensemble parfaitement autonome qu'ils forment conjointement, c'est-à-dire par une surdétermination des éléments par la structure. La dépendance des segments analogistes vis-à-vis du collectif qui les définit est ainsi constitutive de leur mode d'être : avec des éléments internes au collectif, ils doivent parvenir à une extériorité à eux-mêmes. L'instance totalisante qui donne sens à la hiérarchie analogiste et assure son bon fonctionnement permet cette opération. Quelle que soit la forme qu'elle prend, elle résulte d'un processus d'hypostase du monde-collectif, dont il faut assurer la stabilité et perpétuer la segmentation. L'hypostase la plus courante est métonymique : une singularité vient incarner, non pas tant la totalité des autres singularités, que la permanence de la totalité ordonnée qui les structure. Il s'agit généralement d'un individu humain, incarnation ou médiation d'une divinité, qui est à la fois à l'intérieur du collectif – spatialement, il en occupe souvent le centre – et à l'extérieur des segments qui le composent, puisqu'il est extérieur au système de parenté et de segmentation ; de ce fait, il est en position de représenter le collectif aux yeux des segments. L'une des figures les plus courantes de ce type est celle du roi sacré, dont James Frazer a été le premier à définir les caractéristiques[1].

La royauté sacrée a ceci d'unique qu'elle dissocie le contrôle de la terre, notamment agricole, qui relève des groupes locaux, du contrôle de l'équilibre cosmique, qui incombe au monarque. La souveraineté sur la terre est ainsi séparée de la souveraineté sur la Terre, ce qui empêche effectivement le pouvoir politique et le contrôle des moyens de production d'être monopolisés conjointement par un individu ou un groupe. Selon Frazer, le roi divin détiendrait le pouvoir sur le cosmos et les phénomènes météorologiques en sa personne et en son corps, un pouvoir qu'il exerce volontairement ou involontairement à des fins bénéfiques ou maléfiques. Ce « centre dynamique de l'univers » est donc le pivot qui maintient le cosmos en équilibre, car la moindre de ses actions et le cours même de son existence affectent le cours du monde, c'est pourquoi ils doivent être constamment surveillés[2]. C'est aussi pourquoi le roi divin doit être mis à mort lorsqu'il s'affaiblit avec l'âge ou la maladie, afin que le fonctionnement ordonné du cosmos dont il est le support ne soit pas compromis par son déclin.

1. James G. Frazer, 1922.
2. J.G. Frazer, *ibid.*, p. 343.

Rois sacrés, despotes, faiseurs de pluie, souverains impuissants et églises andines

Outre les nombreux exemples du monde entier analysés par Frazer dans *Le Rameau d'or*[1], la royauté sacrée a été particulièrement bien étudiée en Afrique. Elle est très souvent le produit d'une alliance matrimoniale entre un étranger errant, généralement un chasseur familier des animaux, de la forêt ou de la brousse, et une ou plusieurs femmes autochtones appartenant aux clans propriétaires des terres agricoles, qui ont obtenu le contrôle du sol grâce à une alliance avec les esprits et les génies locaux. L'un des cas les mieux décrits est celui des Moundang du Tchad par Alfred Adler[2]. Ils considèrent l'ordre royal et l'ordre clanique comme des réalités répondant à des logiques différentes : un État clanique dominé par un système monarchique. Les clans sont la voie d'accès vers la terre : ils possèdent le sol sur lequel le monarque et les lignées princières n'ont aucun droit ; ce sont des unités équivalentes et autonomes ayant des fonctions rituelles spécifiques, mais complémentaires les unes des autres. Bref, comme d'autres collectifs analogistes composés de segments interdépendants, les clans moundang n'ont pas besoin d'un dirigeant. La seule justification du roi est sa capacité à contrôler les forces cosmiques, en particulier à faire tomber la pluie au bénéfice de

1. Et aussi, plus récemment, par David Graeber et Marshall Sahlins, 2017.

2. Alfred Adler, 1982.

tous. Ce pouvoir reproducteur place le roi en dehors de la parenté : tous les clans lui donnent des épouses, mais aucune d'entre elles ne doit être liée à lui de manière privilégiée, tandis que les lignées royales se dissolvent au fil des générations, les descendants des fils du roi perdant progressivement leur statut, empêchant ainsi la constitution d'une aristocratie.

Une autre caractéristique de la royauté sacrée que les Moundang illustrent bien est la dissociation entre la terre et le corps du souverain. Elle est systématique et méticuleuse : son cadavre ne peut être enterré, car cela stériliserait la terre, et il n'a même pas le droit de marcher pieds nus sur la terre. Son domaine n'est pas la terre, mais le ciel atmosphérique, sur lequel il exerce un pouvoir afin de contrôler la fertilité et la fécondité du royaume. Il est donc, littéralement, hors sol, une étoile unique et solitaire, n'appartenant à aucun clan, coupée des liens de parenté, à la tête d'une vaste communauté polygame qu'il féconde de sa semence sans s'engager dans aucun échange matrimonial. Le genre du monarque est ici sans importance, puisque l'une des figures classiques du roi sacré en Afrique est une reine, la reine de la pluie des Lovedu du Transvaal[1] ; les chefs de district lui donnent des « épouses », qui deviennent des sortes de dames d'honneur attachées à sa personne comme l'est une épouse à son mari, mais qu'elle peut aussi redistribuer aux notables qu'elle souhaite récompenser ou distinguer. L'alliance mystique entre la reine et les hommes du royaume, par un échange de femmes contre la pluie, consolide ainsi, dans un même ordre social

1. Eileen Jensen Krige et Jack D. Krige, 1943.

collectif et un même ordre cosmique, le contrôle humain et la maîtrise des non-humains.

Pourtant, contrairement à ce que ces exemples pourraient laisser entendre, la figure du roi sacré en tant que garant de l'équilibre du monde n'est pas en soi constitutive de l'État : en Afrique en particulier, des figures similaires remplissent la même fonction dans des collectivités acéphales ou dirigées par des autorités sans grand pouvoir. C'est le cas, par exemple, des Lugbara d'Ouganda ou des Samo du Burkina Faso[1]. Les parallèles sont frappants : tout comme le roi divin doit être tué dès que ses forces déclinent, le maître de la pluie lugbara doit mourir symboliquement pour faire venir la pluie, en accomplissant un sacrifice dont il est lui-même réputé être la victime. La sacralisation de cette figure ne lui confère aucun pouvoir coercitif, mais lui donne une autorité morale pour régler les différends entre individus et entre lignages, et pour arbitrer les conflits avec les étrangers. Il en va de même du maître de la pluie samo, une fonction rituelle pesante qui éloigne son détenteur de l'homme ordinaire et enveloppe sa vie d'un dense réseau d'interdits : il ne doit pas quitter son village, il ne doit pas fouler le sol pieds nus, il ne doit pas courir ou manger certains aliments. Dans les deux cas, on retrouve donc dans les sociétés sans État tous les attributs du roi sacré, à l'exception de l'autorité politique. En d'autres termes, l'essence du pouvoir du roi sacré – sa fonction de cosmocrate – est indépendante de l'étendue

1. John F. MIDDLETON, 1979 pour les Lugbara ; Françoise HÉRITIER-IZARD, 1973 pour les Samo.

de ses prérogatives politiques réelles, puisque ce pouvoir est présent dans les cosmopolities acéphales, non pas à l'état de germe mais déjà pleinement constitué. Cette observation soulève une question fondamentale : dans quelles conditions une personne représentant le bien-être de sa communauté mais privée de pouvoir effectif devient-elle la figure d'un roi exerçant une véritable souveraineté sur ses sujets, sinon sur le territoire qu'ils occupent ? Maurice Hocart et Pierre Clastres ont apporté deux réponses très différentes à cette question.

Considéré comme l'autre grand théoricien de la royauté sacrée, avec Frazer, Maurice Hocart nous intéresse ici pour son hypothèse originale selon laquelle cette institution serait à la base de l'État moderne en tant que forme de gouvernement. Selon Hocart, le rituel d'intronisation royale est le modèle de tous les autres rites et sacrements, qui conservent sa structure générale ; d'où son affirmation audacieuse : « La plus ancienne religion connue est la croyance en la divinité des rois[1]. » Cependant, il affirme également que la royauté sacrée n'est pas seulement la source de la croyance en Dieu et l'origine des formes institutionnelles de la culture, mais aussi le fondement de l'État moderne, puisque l'organisation rituelle a fourni la forme par défaut de l'organisation étatique[2]. L'État et son appareil sont en fait des transformations fonctionnelles des structures rituelles qui les précèdent, une transposition de la division liturgique du travail de la royauté

1. Arthur Maurice Hocart, 1927, p. 7.
2. Dans un livre ultérieur : Arthur Maurice Hocart, 1970 [1936].

sacrée en division technique du travail administratif. Pourtant, Hocart accorde peu d'attention aux circonstances dans lesquelles cette transformation a eu lieu, ou aux raisons pour lesquelles elle s'est produite, à l'exception d'une référence à un effet mécanique de la croissance démographique, l'émergence de l'État moderne devenant une réponse au besoin de gérer de grandes masses de populations dont la cohésion ne pouvait plus être assurée par les arrangements de solidarité ordinaires des systèmes segmentaires. Cela est douteux. Car les systèmes segmentaires typiques des collectifs analogistes – c'est-à-dire fondés sur l'opposition complémentaire d'unités de descendance et de communautés locales autonomes – peuvent fonctionner sans aucune autorité centralisée avec un nombre considérable de personnes. Les prototypes de ce type de collectif en anthropologie, les sociétés nilotiques du Soudan du Sud, en sont la preuve. Ces sociétés offrent un contre-exemple à l'hypothèse de Hocart puisque c'est la moins peuplée, les Shilluk (environ 300 000 individus), qui sont dirigés par un roi sacré – qui, comme nous le verrons plus loin, n'a jamais réussi au fil des siècles à transformer sa royauté en système de gouvernement –, tandis que les plus peuplés, les Nuer (environ 2 millions) et surtout les Dinka (environ 4 millions), s'en passent[1]. Néanmoins, l'hypothèse d'une origine « religieuse » de l'appareil étatique, sinon des inégalités sociales et des collectifs hiérarchiques, n'est pas

1. Ces chiffres sont contemporains, mais ils reflètent un déséquilibre démographique de longue date entre ces populations ; voir Raymond C. Kelly, 1985.

seulement une idée déjà ancienne[1], mais elle a reçu de plus en plus de confirmations empiriques. Plus récemment, par exemple, lorsque Charles Stépanoff a soutenu de manière convaincante qu'en Sibérie orientale la hiérarchie statutaire n'est pas corrélée à l'accumulation de richesses, mais à un chamanisme de type hiérarchique[2].

La question de l'émergence du pouvoir politique coercitif dans une société acéphale a également été posée par Clastres, même si ce qu'il appelle les « sociétés indiennes », qui à ses yeux sont entièrement mobilisées contre l'émergence de l'État, sont en fait les collectifs animistes des basses terres d'Amérique du Sud, et non des groupes segmentaires dirigés par un roi sacré ; mais l'État dont ces collectifs cherchent à empêcher l'apparition s'inspire bien de collectifs analogistes, en l'occurrence des cosmopolities andines envisagées comme des formes perverties de sociabilité amérindienne dans lesquelles un individu s'est détaché du corps social pour exercer un pouvoir despotique. Par ailleurs, et contrairement aux apparences, la question du roi sacré en Afrique et celle des mécanismes empêchant l'émergence de l'État chez les Amérindiens sont étroitement liées, comme le montrent une contribution d'Adler et une contribution de Clastres publiées en 1977 dans la même revue, qui abordent le même sujet sous deux angles différents – sans se référer l'une à l'autre, bien qu'ils se connaissaient très bien[3]. Chacun examine les

1. À cet égard, Condorcet peut être considéré comme un père fondateur : Nicolas de Condorcet, 1988 [1795].

2. Charles Stépanoff, 2020.

3. Alfred Adler, 1977 ; Pierre Clastres, 1977*a*.

moyens employés par les sociétés sans État pour contenir ou empêcher l'avènement du pouvoir solitaire, la division de la société entre un despote représentant la totalité du corps social et le reste de ses membres qui sont sous son pouvoir. La solution « africaine » présentée par Adler consiste à séparer le roi sacré de l'exercice effectif du pouvoir, en lui refusant tout contrôle sur la terre et sur l'expression décentralisée de l'autorité politique par les clans et les lignages, tandis que la solution « amérindienne », mise en avant par Clastres, consiste à empêcher l'émergence de la division en forçant le guerrier en quête de prestige à s'engager dans des affrontements constants dans lesquels il finit par être tué, ce qui l'empêche d'introduire les germes de la division en s'emparant du pouvoir par les armes.

Dans une publication ultérieure, Adler revient sur le rôle de la guerre chez les Moundang, en tentant cette fois une comparaison avec les thèses de Clastres[1]. Le roi moundang est la seule personne extérieure au clan et, à ce titre, il n'a pas de pouvoir réel au sein du collectif qu'il incarne et auquel il apporte une « sécurité métaphysique », un pouvoir qui, au départ, n'est lié à aucune volonté politique mais qui, une fois constitué, tend à s'accroître. La guerre a joué un rôle dans cet édifice à l'équilibre instable : c'était la prérogative du roi de faire la guerre, que ce soit pour des opérations défensives contre les chefferies voisines ou pour des raids contre les tribus voisines – des expéditions dont la seule finalité était de l'enrichir en lui procurant des femmes, du bétail et des

1. Alfred ADLER, 1987.

captifs. Cependant, la puissance de l'instrument militaire dont il disposait n'a jamais incité le roi à se comporter comme un conquérant et à utiliser sa force militaire pour accroître son pouvoir. Dans le cas moundang, la royauté sacrée est donc capable de déployer une force armée vers le monde extérieur, tout en restant, à l'intérieur de ses frontières, une force cosmologique soumise au système de valeurs claniques. Du point de vue de la logique sociale, il s'agit d'un mécanisme comparable à la théorie de la guerre contre l'État de Clastres. En effet, cette dernière repose sur l'idée que la menace d'une division entre maîtres et sujets obtenue par l'exercice de la force par les guerriers est stérilisée par le destin de chacun d'entre eux, poursuivant une vaine quête du prestige que lui accordent les autres membres du corps social, de mourir au combat. Un parallèle peut être établi entre le guerrier amérindien et le roi sacré moundang. Leur exceptionnalité, fondée en partie sur l'usage de la force, les distingue de leurs concitoyens, en position de donneur générique : le guerrier amérindien échange du prestige contre des prouesses martiales, tandis que le roi sacré donne de la pluie et de la fertilité en échange des exactions qu'il peut commettre et des épouses qu'il reçoit. Dans les deux cas, la différenciation existe, mais elle n'introduit pas de division du corps social. Enfin, dans les deux cas, le destin de ceux qui sont séparés des autres est la mort : le guerrier, parce qu'il est condamné par son audace dans la poursuite des exploits ; le roi, parce que sa mort est la condition du maintien de la vigueur éternelle de celui qui incarne le royaume. La comparaison d'Adler a le mérite de rendre évidente l'impossibilité de réduire la question de la maîtrise du pouvoir d'un individu sur les autres – comme le fait Clastres – à une simple opposition entre les sociétés sans État qui parviennent à empêcher l'émergence de la division, et les sociétés contrôlées par l'État dans lesquelles la séparation entre le despote et ses sujets est irréversible. Les royautés sacrées, comme celle des Moundang, sont des États en devenir qui parviennent néanmoins à circonscrire le pouvoir du souverain dans un registre particulier – la reproduction symbolique des conditions de la vie –, l'empêchant ainsi de convertir cette capacité en pouvoir absolu.

Même dans les sociétés non étatiques, la « solution clastrienne » pour empêcher l'émergence d'une division interne n'est guère convaincante. En premier lieu, pour des raisons ethnographiques : l'existence d'un corps de guerriers distinct est exceptionnelle dans les basses terres d'Amérique du Sud où chaque homme adulte porte les armes. Nulle part les guerriers ne constituent un germe de division en étant séparés de leurs concitoyens tribaux. Mais aussi, et surtout, parce qu'elle est remarquablement eurocentrique. En déclarant que la « société indienne » fait tout ce qu'elle peut pour empêcher l'émergence d'un pouvoir coercitif, Clastres convertit la « société » en un être transcendant doté de volonté, une hypostase manifestement dérivée en droite ligne de la conception durkheimienne de la société comme une totalité supérieure et extérieure aux individus. La société devient une personne morale dont les besoins et les fins sont hétérogènes à ceux des membres qui la composent, une entité autonome animée par un intérêt collectif spécifiquement social qui serait plus et autre chose que la somme des volontés particulières. Dire que cette conception transcendante de la société est étrangère à la façon dont les collectifs amérindiens se conçoivent serait un euphémisme. Au contraire, la société en ce sens est un nouveau type d'entité ontologique qui marque l'avènement de la sociologie moderne, et que Durkheim lui-même, son inventeur, n'hésite pas à opposer aux conceptions plus anciennes de la société, comme la notion que s'en forme Rousseau qui la considère comme un rassemblement de citoyens[1]. Les cosmopolities des basses terres sud-américaines ne peuvent être définies comme des entités transcendantes mobilisées vers un but implicite ; elles se considèrent plutôt comme des espèces parmi d'autres espèces, chacune composée d'humains ou d'autres qu'humains particuliers, dont les membres sont tous dotés d'une puissance d'agir similaire au sein d'institutions jugées semblables, faisant de toutes ces tribus-espèces des sujets politiques. Prétendre que la « société indienne » est un être collectif entièrement tourné vers la prévention de l'apparition du pouvoir coercitif, c'est donc pécher par ethnocentrisme, en projetant sur les modes de composition des collectifs amérindiens une conception de la société qui ne s'est imposée en Europe qu'à la fin du XIXe siècle. Gilles Deleuze et Félix Guattari en étaient conscients lorsqu'ils écrivaient au sujet de Clastres, malgré leur admiration pour lui, qu'« il tendait à faire des sociétés primitives une hypostase, une entité autosuffisante [...] Il restait ainsi évolutionniste[2] ».

1. Émile DURKHEIM, 1918.
2. Gilles DELEUZE et Félix GUATTARI, 1980, p. 444.

Quant à Claude Lefort, dont la philosophie politique a été une source d'inspiration cruciale pour Clastres, il a fait remarquer que, si la souveraineté collective de la « société primitive » s'exprime en exerçant un pouvoir absolu et complet sur tout ce qui la compose, alors ce pouvoir absolu de la société qui s'oppose à l'émergence du pouvoir coercitif du chef est lui-même un pouvoir coercitif, presque totalitaire : « Le pouvoir du chef est creux, mais celui du groupe est plein [...], le premier n'est rien, le second est tout[1]. »

Non seulement la conception durkheimienne de la « société primitive » de Clastres est ethnocentrique, mais il en va de même de son imputation aux Amérindiens d'une conception du pouvoir étonnamment identique à celle proposée par la philosophie politique occidentale. Car le pouvoir ne peut se définir uniquement en termes de dimension coercitive ; il n'implique pas nécessairement de commander, de faire respecter ou d'imposer l'obéissance, ni n'est toujours l'expression de la volonté d'un seul contre la volonté générale. En effet, lorsque les anthropologues américanistes utilisent le terme « pouvoir » pour désigner une réalité autochtone dans un collectif acéphale des basses terres sud-américaines, c'est toujours pour qualifier la capacité d'un individu humain à établir des relations privilégiées avec des autres qu'humains – plantes, animaux, esprits – au point de devenir parfois leur mandataire, ou d'exercer un contrôle sur le bien-être ou le malheur de ses concitoyens. La plupart des collectifs amérindiens font l'expérience quotidienne d'un pouvoir sans doute

1. Claude Lefort, 1987, p. 197.

moins abstrait que la négation de l'autorité politique par la chefferie impuissante ; c'est le pouvoir bien réel que certains humains à travers le monde s'arrogent d'être médiateurs entre une communauté et les non-humains qui sont la condition de son bien-être, une fonction d'intermédiaire dévolue aux rois sacrés et qui est remplie dans les cosmopolities amazoniennes par les chamanes.

Quelques mois avant sa mort accidentelle à l'âge de quarante-trois ans, Pierre Clastres semble prendre conscience de l'importance de la dimension religieuse du pouvoir politique et du fait que la société peut trouver son fondement en dehors d'elle-même, qu'elle peut être déterminée dès l'origine par l'hétéronomie de l'action divine[1]. Cependant, à la différence de Marcel Gauchet, dont il se revendique[2], Clastres ne voit pas dans la transcendance de la loi religieuse la source de l'État, mais le germe d'une extériorité, déjà tapie dans le corps social dès l'origine, et qui ne demande qu'à se développer pour instaurer la division. Pour lui, le contrôle social exercé par la « société primitive » n'est pas de chacun sur chacun, mais de chacun sur le chef, qui s'individualise ainsi pour que le corps social reste indivisé. Mais la question demeure : comment cette division se réalise-t-elle ? Dans quelles conditions devient-elle irréversible ? Pourquoi des institutions telles que le chef sans pouvoir ou la guerre primitive deviennent-elles finalement incapables de contenir la métastase de l'hétéronomie divine et de l'empêcher de

1. Pierre Clastres, 1977*b*.
2. Marcel Gauchet, 1977.

contaminer l'ensemble du corps social ? Clastres n'a pas répondu à ces questions. Et même s'il avait pu poursuivre son œuvre, il est douteux qu'il y aurait répondu, du moins s'il avait continué à adhérer à une vision aussi dépassée de la religion[1]. Dépassée… et plutôt déroutante de la part d'un anthropologue spécialisé dans les basses terres d'Amérique du Sud. Car les populations foisonnantes composées d'esprits, de héros mythiques et de personnes autres qu'humaines ne sont pas, dans cette partie du monde, transcendantes à la société, mais sont au contraire immanentes à elle, animant jour après jour les rêves, les visions et les rencontres fortuites de ses membres. Les personnes végétales et animales, dotées d'une âme, ne siègent pas dans l'Olympe, mais vivent en compagnie d'humains qui doivent trouver des arrangements avec elles et leurs esprits maîtres. Les mythes ne sont pas des chartes sociales énonçant la loi d'airain à laquelle la société doit se soumettre, mais des récits de spéciation racontant comment des êtres autres qu'humains ont acquis leur forme actuelle. Bref, il n'y a pas d'hétéronomie dans les cosmopolities animistes et on ne peut manquer d'être surpris par le fait que Clastres ait eu une vision aussi manifestement biblique de la religion, totalement en décalage avec celle qu'il a eu le loisir d'observer sur le terrain. Quelles que soient les

1. Comme en témoigne une définition telle que « l'être social primitif est en relation avec lui-même par la médiation de la religion », cette dernière étant « la Loi comme fondement légitime de la société », ou par l'idée que le terrain originel de cette Loi est « le temps d'avant la société », le temps mythique où les ancêtres, les héros et les divinités ont promulgué les normes que la religion fait respecter (Pierre CLASTRES, 1977*b*, p. 151).

distorsions que Clastres a imposées à l'ethnographie en raison de l'eurocentrisme de ses concepts, il a laissé sans réponse la question des conditions permettant l'émergence de l'État ou, comme il préférait l'appeler, la division du corps social. Pour aborder cette question de front, nous devons revenir au domaine des collectifs analogistes et de la royauté sacrée, où le problème est le plus clairement posé. Car le roi sacré incarne ce paradoxe : il est un principe de totalisation qui, en même temps, appartient à l'assemblage cosmopolitique qu'il représente et est extérieur aux segments qui le composent.

Une discussion du cas du roi shilluk peut aider à comprendre cette situation paradoxale d'un individu à la fois interne et externe à une cosmopolitie. Le roi shilluk du Soudan du Sud a joué un rôle central dans la discussion sur la royauté sacrée depuis Frazer. Frazer a découvert tardivement dans le roi shilluk tel que décrit par les époux Seligman toutes les caractéristiques au moyen desquelles il avait auparavant défini cette institution dans la première édition du *Rameau d'or* en s'appuyant essentiellement sur des données de l'histoire ancienne[1]. Le *reth* (roi) shilluk est l'incarnation terrestre d'une divinité, ou du moins d'un héros semi-divin, Nyikang, et il doit être mis à mort pour que la transmission rituelle de ses pouvoirs cosmiques de fertilité à son successeur puisse se poursuivre sans interruption. Bien que le roi shilluk ait été au cœur des discussions sur la royauté divine menées par les anthropologues sociaux britanniques,

1. Charles Gabriel SELIGMAN, 1911 ; Charles Gabriel SELIGMAN et Brenda Z. SELIGMAN, 1932.

de Frazer et Hocart à Evans-Pritchard, c'est peut-être un anthropologue belge, Luc de Heusch[1], qui a le mieux mis en évidence sa particularité. Les attributs du *reth* shilluk nous aident à comprendre le fonctionnement interne de l'institution. Pour régner, un tel roi doit se séparer de la société ; il doit être considéré comme une singularité différente par essence de ses sujets. Comment cette séparation est-elle réalisée ? Dans de nombreux cas, elle est géographique et généalogique. Cela a été clairement mis en évidence par Marshall Sahlins, d'abord sur la base de son ethnographie des Fidji, puis sur une large base comparative[2]. Le roi est un étranger ; la fertilité et l'énergie reproductive qu'il incarne viennent de l'extérieur sous la forme d'un jeune conquérant, souvent un chasseur, qui doit être apprivoisé par le rituel. Même lorsqu'ils ne sont pas étrangers, les rois doivent marquer leur extériorité par des actes qui les distinguent des mortels ordinaires : inceste, meurtre, cannibalisme ; bien que ceux-ci soient le plus souvent symboliques, ils démontrent néanmoins de manière frappante que le roi se dispense des règles de la morale ordinaire. Le roi se distingue également d'une autre manière : le rituel d'intronisation marque souvent de manière visible qu'il est en dehors des liens de parenté et des affiliations segmentaires. Ce que Luc de Heusch montre clairement, c'est que cette séparation est essentielle, non seulement parce que le roi, en position d'extériorité, peut ainsi offrir à la communauté une image qui la représente – en tant

1. Luc de Heusch, 1987.
2. Marshall Sahlins, 2008.

que signe, il doit être d'une nature différente de ce dont il tient lieu ; mais aussi parce qu'il constitue pour cette communauté une condition de son bien-être, une condition qui doit nécessairement être extérieure à ce qu'elle conditionne.

Luc de Heusch soutient de manière convaincante que cette position d'extériorité n'implique pas nécessairement l'exercice d'un pouvoir coercitif. Les populations nilotiques du Soudan du Sud, sociologiquement et culturellement très similaires, offrent un exemple de continuité structurelle qui va d'une société complètement acéphale, les Nuer, à une royauté sacrée, les Shilluk, en passant par une forme intermédiaire dans laquelle certains spécialistes rituels, qui servent de médiateurs aux forces cosmiques ou qui les incarnent, sont investis d'une fonction éminente – chez les Dinka. Cependant, lorsque l'on examine les prérogatives des médiateurs dans chacun de ces cas, on constate qu'ils sont toujours dans un relatif isolement par rapport à leurs concitoyens. Chez les Nuer, dont le système politique est, pour reprendre l'expression d'Evans-Pritchard, une « anarchie ordonnée[1] », les chefs à la peau de léopard (*kuaar muon*) agissent en arbitres et intermédiaires cosmiques, sans pour autant exercer de pouvoir : ils purifient les souillures, entretiennent la fertilité, font tomber la pluie et officient lors des sacrifices. Ils sont également des étrangers qui n'appartiennent pas au clan dominant de la tribu où ils exercent leur fonction, et n'ont donc aucun droit sur la terre. Comme le chef sans pouvoir clastrien, les chefs à peau de léopard exercent une autorité non coercitive ; mais

1. Edward E. Evans-Pritchard, 1940, p. 22, ma traduction.

si le premier est simplement extérieur au collectif en raison de son statut, les seconds le sont à un double titre : en tant que condition de certains aspects du bien-être commun et en tant que véritables étrangers au territoire du clan.

Non loin de là, les Dinka offrent une transformation structurelle du cas des Nuer : leur système segmentaire ressemble à celui des Nuer, bien qu'ils soient divisés en deux types de clans : ceux de la lance de guerre et ceux de la lance de pêche, les spécialistes rituels provenant des clans de la lance de pêche. Les maîtres de la lance de pêche guérissent les maladies, assurent la vitalité de la terre et la prospérité des membres de leur tribu, certains d'entre eux atteignant une grande renommée à travers les tribus. Ils exercent également une fonction politique : comme les chefs nuer à peau de léopard, ils arbitrent les conflits incessants entre clans, bien que leurs pouvoirs religieux soient bien plus étendus. Godfrey Lienhardt va jusqu'à écrire d'eux qu'ils sont « en partie divins[1] », un statut ontologique proche de celui des rois sacrés. Bien que, contrairement à ceux-ci, ils ne soient pas tués lorsqu'ils atteignent un âge avancé, ils demandent parfois à être enterrés vivants lorsqu'ils deviennent vieux et décrépits.

Voisins des Dinka et des Nuer, les Shilluk ont confié l'intégralité du pouvoir rituel à un seul individu, le *reth*. Bien que le *reth* shilluk possède tous les attributs d'un roi

1. Godfrey LIENHARDT, 1961, p. 146 ; plus loin (p. 198, note 2), il affirme que « les maîtres de la lance de pêche [...] sont les représentants de la Divinité sur terre », ma traduction.

sacré, il n'est pas à la tête d'un appareil d'État et n'a aucun droit sur les terres, qui sont gérées par les clans dominants. De plus, comme chez les Dinka, les fonctions guerrières et rituelles sont tout à fait séparées, puisque le roi shilluk n'était pas autorisé à aller au combat. Il se distinguait des plus prestigieux maîtres de la lance de pêche dinka par le fait qu'il disposait d'un harem considérable fourni par les clans, alors que lui-même était en dehors des alliances, car il ne donnait pas ses nombreuses filles en mariage. Le roi shilluk représente ainsi une nouvelle étape décisive dans la mise à l'écart d'une figure solitaire et sacralisée incarnant aux yeux de tous la fécondité et le renouveau cosmiques, étape caractérisée par l'émergence d'une autorité extérieure à la parenté, rompant avec le monopole de cette dernière sur la gestion des relations sociales entre les humains. Cette séparation entre les membres d'un collectif et un individu agissant en tant que médiateur cosmique au profit de tous – séparation que l'on retrouve sous des formes plus ou moins accentuées dans les trois collectifs considérés – représente donc une caractéristique structurelle du pouvoir sacré qui est probablement nécessaire à l'émergence de l'État sous certaines de ses formes, mais qui n'en est pas une condition suffisante[1]. Comme le postule à juste titre Luc de Heusch, le roi sacré est extérieur à la société, non pas tant parce que sa fonction est de la représenter symboliquement, comme Evans-Pritchard

1. Sur ce point, Luc de Heusch est on ne peut plus clair : « La royauté sacrée ne se confond pas avec l'État : elle le précède, et le rend possible à travers diverses circonstances historiques » (1987, p. 56).

l'avait précédemment soutenu à propos des Shilluk[1], mais principalement parce qu'il est le représentant d'un collectif vis-à-vis du cosmos, et c'est pourquoi on retrouve les mêmes rites et la même conception de la fonction chez les rois sacrés et chez les spécialistes rituels dépourvus de tout pouvoir politique tels les chefs à peau de léopard nuer.

Cette interprétation a été critiquée par David Graeber pour avoir négligé la dimension coercitive du pouvoir du roi sacré, notamment dans le cas des Shilluk[2]. Selon lui, la caractéristique la plus notable du roi ne serait pas sa séparation du corps social, mais le droit d'exercer la violence en toute impunité ; il n'est pas transcendant à l'ordre social parce qu'il doit se différencier de lui pour en devenir le principe constitutif, mais parce qu'il doit rester extérieur aux règles de la morale et de la justice ordinaires ; il le manifeste en exerçant une violence parfois perçue comme aveugle et débridée. En somme, c'est l'arbitraire du comportement du roi qui fait de lui un être divin, car, comme un dieu, son comportement est imprévisible : tantôt protecteur, tantôt violent, tantôt juste, tantôt injuste, tantôt source de bienfaits, tantôt dispensateur de châtiments. Graeber avance un certain nombre d'arguments à l'appui de son point de vue. Tout d'abord, la genèse mythique de la nation shilluk montre Nyikang, le héros divin dont le roi est une incarnation, constituant son peuple par la violence, puisqu'en arrivant dans ce qui deviendra le pays shilluk il découvre que ses habitants sont en fait des humains

1. Edward E. Evans-Pritchard, 1948.
2. David Graeber, 2011.

à l'apparence animale ; il leur révèle alors leur propre nature et les convertit en ancêtres des clans. Cependant, loin d'être un acte de violence, cette opération doit plutôt être vue comme une manière originale de rendre compte du passage d'un collectif animiste à un collectif analogiste, grâce à l'intervention d'un principe de totalisation : des animaux d'espèces différentes qui, au sein de chaque espèce, se voient comme des humains, mais voient les autres espèces sous leur avatar animal, finissent, grâce à l'intervention du héros culturel, par se voir tous comme des humains, c'est-à-dire par partager à l'issue de leur transformation le point de vue unique du créateur du collectif sociocosmique dont ils sont devenus membres. Loin d'être le résultat d'une violence incontrôlée, ce processus de sociogenèse est, au contraire, comme l'a montré Godfrey Lienhardt, le produit d'un véritable projet intellectuel à l'issue duquel des humains et des animaux sans lien entre eux deviennent des composantes de statut égal dans le même ordre sociocosmique : la nation shilluk est le résultat d'un processus d'assemblage, par lequel son créateur, le double du roi Nyikang, a actualisé en tant que concitoyens un groupe hétéroclite d'êtres auxquels il a accordé des noms, des rôles, des prérogatives et des divisions internes[1]. Quant au roi lui-même, il n'est jamais directement violent envers ses sujets. Certes, les rois shilluk possédaient de très grands troupeaux de bovins qu'ils obtenaient au détriment de leurs sujets ; cependant, leur manière de les obtenir était toujours indirecte : lorsqu'un groupe local causait des troubles quelque

1. Godfrey Lienhardt, 1954.

part, le roi demandait à ses voisins d'organiser un raid pour s'emparer de leur bétail et brûler leur village, une partie du troupeau capturé revenant au roi tandis que le reste était conservé par ceux qui avaient monté le raid. En d'autres termes, le roi prenait bien soin de ne jamais exercer de violence directe ni même de prélever un tribut, de sorte que seulement deux rébellions contre les rois sacrés shilluk ont éclaté au cours des trois derniers siècles[1]. En fait, ce n'est pas le roi qui ressemble à un dieu capricieux, mais plutôt le contraire, comme l'avait soutenu Hocart : les rois sacrés, de plus en plus séparés du corps social qu'ils représentent, fournissent le modèle de la transcendance divine, du moins telle qu'elle est conçue au Proche-Orient et dans le bassin du Nil.

Graeber avance un autre argument : le roi est sacré parce qu'il est mis à part, et il est mis à part afin que la violence puisse être confinée à une sphère clairement circonscrite, le domaine de la souveraineté royale, et donc ne pas déborder sur le reste de la société. Dans cette définition du sacré, on reconnaît aisément la définition durkheimienne : « Ce qui est sacré est ce qui est mis à part, ce qui n'a pas de comparaison avec ce qui est profane[2]. » Pour Durkheim, cependant, cette caractéristique positionnelle du sacré – son isolement par rapport aux choses profanes – est un effet de ce qu'il représente symboliquement, et non sa condition constitutive. Tout ce qui est mis à part dans la vie sociale n'est pas nécessairement sacré : les choses dangereuses, soumises à une interdiction,

1. Mohamed Riad, 1953, p. 171-177.
2. Émile Durkheim, 1996 [1924], p. 83.

sources de pollution et de contamination, doivent être tenues à l'écart, mises à distance, évitées ; elles ne sont pas sacrées pour autant. Dans de nombreux contextes culturels, la violence débridée fait probablement partie des choses à éviter, ce qui ne signifie pas qu'elle est sacrée. Ainsi, le caractère sacré du roi n'est pas le résultat de sa seule extériorité ; il résulte plutôt de sa fonction de médiateur avec le cosmos, une fonction qui le distingue de tous les autres membres de la collectivité. Le roi sacré est extérieur à l'ordre social parce qu'il doit représenter non seulement cet ordre, dont il doit se distinguer, mais aussi la vitalité cosmique nécessaire à l'existence matérielle du collectif et que le collectif doit pouvoir identifier dans une singularité extérieure à lui-même.

Qu'y a-t-il derrière le processus de transcendantalisation qui isole le roi sacré et lui permet de représenter le collectif en étant à la fois interne à celui-ci et externe aux segments qui le composent ? Il s'agit d'abord d'un mécanisme spatial dont on peut mieux comprendre les caractéristiques en revenant au continuum Nuer-Dinka-Shilluk. Dans les trois cas, les spécialistes rituels sont originaires d'un pays ou d'un milieu différent. Chez les Nuer, le dignitaire à la peau de léopard est un étranger ; chez les Dinka, les maîtres de la lance de pêche descendent d'une divinité de l'eau qui leur confère leur caractère semi-divin ; enfin, le roi shilluk est également d'origine étrangère et tout à fait indépendant de la structure clanique. En somme, l'extériorité des spécialistes des rituels de la pluie et de la vie tient d'abord à leur origine : c'est parce qu'ils viennent d'un autre monde qu'ils ont la capacité de représenter le collectif au sein duquel ils ont pour mission d'assurer la paix et la prospérité. L'extériorité croissante se manifeste dans le rapport au lieu : alors que les spécialistes rituels nuer et dinka vivent parmi leurs concitoyens, le roi shilluk occupe un palais et une capitale au statut extraterritorial ; non pas au sens juridique, mais parce que la vie dans ce lieu était totalement différente de celle du reste du territoire. La capitale, Pachodo, était peuplée presque exclusivement par les nombreuses épouses du roi, aucun homme n'étant autorisé à y pénétrer après la tombée de la nuit. Les épouses du roi retournaient dans leur village natal pour y accoucher et y laisser leurs enfants, avant de revenir à la capitale et de quitter définitivement la cour à la ménopause. Sans aucune trace de personnes âgées ou d'enfants, la mort et l'accouchement étant tenus à distance, tout comme les alliances matrimoniales et de parenté ordinaires, le travail agricole réduit à la culture symbolique d'une minuscule parcelle de terre, Pachodo ressemblait à une utopie, un modèle réduit de la belle vie sur terre que les Shilluk ordinaires ne connaissaient que par ouï-dire[1]. Cette sorte d'extraterritorialité est caractéristique de nombreux sites royaux dans les collectifs analogistes, et matérialise la relation ambiguë du roi sacré à la terre : il est à la fois coupé de la terre nourricière sur laquelle il n'exerce aucun contrôle réel, et l'incarnation de la condition de fertilité du royaume dont sa capitale est comme une version utopique fermée à ses sujets. Plus que la violence qu'il exerce, c'est cette extraterritorialité de la

1. Graeber a fort justement souligné cet aspect utopique de la capitale shilluk (2011, p. 32).

capitale du roi shilluk qui, comparée à d'autres médiateurs rituels de la zone nilotique, le transforme effectivement en un véritable principe transcendant capable de totaliser le collectif qu'il représente.

Un paradoxe des collectifs analogistes est qu'ils peuvent également déployer leur existence sans point de vue intégrateur, sans principe de totalisation incarné par un agent humain, semi-divin ou autre, à condition de maintenir une forme d'extériorité. C'est clairement le cas dans une partie du monde où un roi divin, l'Inca, a été connu à la fois pour gouverner et pour régner, parfois sans pitié. Les collectifs andins sont typiquement des cosmopolities analogistes, leurs segments étant toujours hiérarchiquement ordonnés, bien que pas nécessairement de manière à favoriser l'inégalité politique et économique. Les Chipaya offrent une bonne illustration de ce dernier cas[1].

Les habitants du village de Chipaya, qui parlent l'uru, sont à peine un millier et mènent une existence en apparence misérable sur un haut plateau semi-aride du sud de la Bolivie. Pourtant, le monde qu'ils ont composé est d'une richesse prodigieuse, affichant à petite échelle toutes les caractéristiques structurelles de collectifs analogistes plus grands et plus peuplés de la région, tel le Tawantinsuyu (l'empire inca). De forme rectangulaire, leur territoire est divisé sur l'axe nord-sud en deux secteurs de superficie à peu près égale,

1. Mes sources sont ici principalement l'ethnographie d'Alfred Métraux des années 1930 et surtout la magistrale monographie de Nathan Wachtel : Alfred MÉTRAUX, 1935-1936 ; Nathan WACHTEL, 1990.

appelés Tuanta (« est ») et Tajata (« ouest ») comme les deux moitiés qui résident dans chacun d'eux, chacune correspondant à un *ayllu*. Au centre, le village de Chipaya est également divisé en deux moitiés le long d'un axe nord-sud, chaque moitié se subdivisant en deux quartiers le long d'un axe ouest-est. Les lignages des quatre quartiers du village possèdent des hameaux dans leurs zones respectives, qui sont occupés une partie de l'année, et ils ont droit à l'usufruit des pâturages qui les entourent, accordé par l'*ayllu* de leur moitié. Les interactions entre les différents niveaux de ces unités imbriquées suivent la logique des affiliations segmentaires : les membres d'un lignage sont solidaires contre ceux d'un autre lignage, les lignages d'un quartier contre ceux d'un autre quartier, les quartiers d'une moitié contre ceux de l'autre moitié. Car, lorsqu'il s'agit de fonctions et de ressources politiques et religieuses, chaque moitié est totalement indépendante. Les Chipaya partagent bien le même territoire, mais seulement dans le sens strict où chaque *ayllu* est maître chez lui. Les deux moitiés se répartissent l'espace à égalité, tant à l'intérieur du village que dans sa périphérie cultivable, où elles ont chacune installé un système d'irrigation autonome ; leurs pâturages sont séparés, elles sont représentées par des autorités distinctes et indépendantes, les *alcaldes* ; même l'église commune est divisée en deux parties. D'où la question : qu'est-ce qui fait que les Chipaya forment un tout ? Leur juxtaposition dans un même espace ? Mais ils ne semblent que cohabiter, car ce territoire singulier est segmenté en secteurs dans lesquels on ne s'aventure pas si l'on n'est pas de la bonne moitié. Le village de Chipaya lui-même ? Mais il est divisé en quartiers, chacun constituant un microcosme. Pour mieux comprendre ce qui fait totalité chez les Chipaya, il faut s'intéresser à leur relation au territoire telle qu'elle s'établit à travers les divinités et les esprits. Les Chipaya en vénèrent un grand nombre, chacun étant spécialisé dans un domaine d'action particulier ; les activités de subsistance nécessitent également l'association de plusieurs divinités. Chaque lignage, chaque quartier, chaque moitié, accomplit sa part des rituels dans l'espoir que les divinités auxquelles ils s'adressent – celles du ciel et celles de l'inframonde, celles de l'eau et celles de la terre, celles des animaux et celles des plantes – accepteront de « se parler ». Les offrandes et les prières n'ont d'autre but que de susciter la collaboration entre des divinités singulières, dispersées entre des champs d'action et des milieux de vie contrastés, et associées à différents segments humains. Ce n'est que si cela se produit que la complémentarité bénéfique des métapersonnes non humaines rendra efficaces les efforts des Chipaya pour se compléter mutuellement.

Où est donc le principe de totalisation qui permet à ce collectif d'exister comme un tout, plutôt que comme une juxtaposition de segments humains et non humains ? Contrairement au Tawantinsuyu, il n'y a pas ici de souverain déifié qui unifie toutes les perspectives en sa personne en un seul foyer. Et pourtant, s'il n'y a pas de personne centrale, il y a bien une centralité : la tour de l'église. C'est ici, le dimanche de carnaval, que s'accomplit le seul rite collectif de Chipaya, un sacrifice accompli ensemble par les *alcaldes* des deux moitiés sur la plate-forme qui couronne la tour. Au sommet de la tour, quatre cloches sont orientées vers les points cardinaux : la cloche orientale fait face au quartier Ushata de la moitié Tuanta, la cloche méridionale fait face au quartier Waruta de la même moitié, tandis que la cloche occidentale fait face au quartier Tajachajta de la moitié Tajata et la cloche septentrionale fait face au quartier Tuanchajta de la même moitié. Chaque cloche est le point de départ d'une des lignes d'oratoires spécifiques à chacun des districts et, ainsi réunies sur la tour, elles synthétisent toutes les puissances célestes qui veillent sur Chipaya, selon le même principe que l'ancien système des *ceques* de Cuzco[1]. Quant au sacrifice, il nécessite un échange d'objets rituels entre les deux *alcaldes*, seul cas de réciprocité entre les moitiés. Il n'est pas anodin que cet échange ait lieu sur la tour, ce qui confirme sa position centrale dans l'architecture segmentaire de Chipaya ; c'est le seul médiateur entre tous les termes du système, le seul qui intègre le ciel et la terre, les divinités célestes d'origine catholique et les divinités chthoniennes typiquement andines,

1. Magistralement reconstitué à partir de documents ethnohistoriques par Tom Zuidema, le système des *ceques* consistait en 41 lignes imaginaires (*zeq'e* en quechua) rayonnant à partir du temple du Soleil de Cuzco, capitale du Tawantinsuyu, sur lesquelles étaient situés 328 sites sacrés (*huaca*), dont l'entretien était confié à différents groupes sociaux. Les lignes étaient divisées en deux moitiés égales (*saya*), elles-mêmes divisées en quatre quarts (*suyu*), chacun comprenant trois sections (*collana*, *payan* et *callao*) séparées par des *ceques*. Cette disposition, basée sur trois principes numériques – la tripartition (trois sections composées chacune de trois *ceques*), la quadripartition (les quartiers) et la division par moitiés –, a fourni le modèle spatial de l'ensemble de l'empire, les quatre quartiers (*suyu*) formant ensemble le Tahuantinsuyu ; Tom Zuidema, 1964.

le seul qui fasse coopérer les moitiés et les quartiers, car il associe et englobe à une échelle réduite toutes les catégories qui structurent cette topologie ontologique complexe. Un sacrifice annuel et quatre cloches orientées peuvent sembler un mécanisme dérisoire d'intégration des différences ; mais ce serait négliger la dimension spatiale. À Chipaya, comme à Cuzco, la centralité d'un site dans lequel s'effectuent des opérations totalisantes le met en position d'ordonner une structure sociocosmique dont il devient le point déterminant. La tour de Chipaya et le temple du Soleil de Cuzco sont tous deux des points focaux d'un réseau de coordonnées et d'éléments englobés qui maintiennent ensemble les segments humains et non humains du collectif, de sorte que la totalité puisse être représentée à partir d'un seul point de vue. L'existence d'un agent humain pour synthétiser les singularités qui composent le collectif n'est donc pas indispensable, à condition que les rites de complémentarité qui se substituent à cet agent, et le site central qui définit sa position, continuent de jouer leur rôle totalisant pour tous les éléments du collectif.

Conclusion

Des cosmopolities en devenir

Même s'il a pu mettre la patience du lecteur à l'épreuve, le panorama des collectifs que nous avons parcouru dans les pages qui précèdent montre clairement qu'il existe presque autant de cosmopolities que de types de cosmos. La conclusion est inévitable : si l'on prend au sérieux les particularismes ontologiques auxquels tant de collectivités s'accrochent encore obstinément, alors un régime politique universel fondé sur la transposition des institutions étatiques modernes, qu'elles soient démocratiques ou illibérales, est une fiction qui fait violence à la manière dont les collectivités extramodernes se conçoivent elles-mêmes. Ce régime universaliste, lointain rejeton du système parlementaire britannique et de la philosophie des Lumières, promu par les Nations unies et approuvé dans le monde entier par de nombreux hommes politiques et politologues, est peut-être le plus petit dénominateur commun de la politique mondiale. Néanmoins, il semble mal équipé pour relever le défi conceptuel du XXIe siècle : comment traduire dans de nouvelles institutions l'énigme de l'anthropocène, c'est-à-dire le fait que les humains et les autres qu'humains sont désormais des partenaires égaux dans le destin futur de la Terre ? À cette énigme, les collectifs extramodernes ont proposé plusieurs solutions qu'il convient de passer brièvement en revue.

Quelle forme prennent les cosmopolities animistes ? Puisque presque tous les êtres sont des personnes, chacune libre et indépendante au sein du collectif dans lequel s'inscrit son existence, ce ne sont pas les individus humains qui constituent les sujets politiques, ni même les assemblages autonomes au sein desquels les êtres de chaque espèce s'associent à leurs congénères pour exister souverainement. Non, les vrais sujets politiques sont les ***relations*** entre les collectifs. Relations de séduction, d'échange de services, de prédation ou d'apprivoisement, variables selon les circonstances et les communautés, mais qui ont toutes pour caractéristique de traiter l'*alter ego* comme une personne de statut égal, une personne qu'on tue ou qu'on adopte, qu'on mange ou qu'on nourrit, qu'on aide à se reproduire ou qu'on soigne comme un enfant, selon qu'il s'agit d'un ami ou d'un ennemi, d'un animal chassé ou du petit du gibier que l'on apprivoise en animal familier, une plante cultivée ou une plante sauvage, un esprit maléfique ou un esprit protecteur. Il s'agit de relations interpersonnelles, prenant la forme d'un commerce entre individus, mais elles reposent, comme nous l'avons vu, sur des schèmes généraux qui s'appliquent aussi bien aux humains qu'aux autres qu'humains : la prédation, le partage et l'échange. Dans un contexte animiste, les rapports vraiment significatifs entre les personnes sont toujours dialogiques. Le chef amérindien sans pouvoir à la Clastres est dépourvu de toute influence car ses discours moralisateurs s'adressent à une communauté, et non à chacun de ses membres séparément. En revanche, le « grand homme » achuar, et d'autres personnages similaires en Amazonie, construisent des factions guerrières étroitement soudées car ils s'adressent tour à tour à chacun de leurs parents et de leurs affins, exerçant sur eux, dans des dialogues rituels hautement codifiés, toute la force de leur charisme et de leur éloquence. De même, l'efficacité du traitement chamanique repose sur le dialogue individuel que le chamane établit avec ses esprits auxiliaires et avec le patient à guérir, non sur l'invocation d'une extériorité transcendante qui agirait de la même manière pour tous. Cette capacité à entretenir des relations interpersonnelles, bien que hautement codifiées, avec un grand nombre de sujets ontologiquement divers est un atout crucial des cosmopolities animistes, car elle permet une grande fluidité dans la formation d'un terrain d'entente intersubjectif partagé par beaucoup. Elle promeut ainsi une idée d'égalité fondée sur la puissance d'agir distributive plutôt que sur l'identité isonomique – comme c'est le cas avec la citoyenneté démocratique classique où seuls les humains, et dans certains cas seulement certains d'entre eux, jouissent de droits formels égaux. Bien que la mise en œuvre d'une telle conception de la démocratie nécessiterait une refonte majeure des institutions actuelles, certaines cosmopolities animistes offrent des perspectives intéressantes sur la manière dont elle pourrait s'adapter à la situation moderniste actuelle. C'est le cas de la revendication du peuple de Sarayaku pour un territoire qui ne serait défini ni par les droits intrinsèques accordés à ses habitants humains, ni par le droit d'être protégé qui serait accordé à ses occupants non humains (comment faire respecter un tel droit à l'égard d'une race d'esprits ?). Il serait plutôt fondé sur les relations spécifiques entretenues par toutes ces composantes d'un monde forestier particulier. Bien que non universaliste à première vue, une telle position cosmopolitique pourrait néanmoins être généralisée à plusieurs autres collectifs, pas nécessairement animistes, introduisant ainsi un pluralisme bien nécessaire dans les principes constitutifs du très eurocentrique « concert des nations ».

Quant au problème que posent les cosmopolities analogistes à un citoyen du monde à l'inclination démocratique, celui d'être intrinsèquement hiérarchique, nous avons vu à travers différents cas que cette hiérarchie n'a pas besoin d'être une source d'inégalité, à condition qu'un certain contrôle soit exercé sur le principe totalisant qui rend cohérent l'assemblage cosmopolitique. Même le *reth* shilluk, l'incarnation du roi sacré, peut fonctionner comme un point de vue englobant et non despotique à deux conditions : premièrement, qu'il existe une dissociation marquée entre la personne qui contrôle la fertilité cosmique et les personnes qui maîtrisent et supervisent l'utilisation de la terre et, deuxièmement, que le premier jouisse d'une sorte d'extériorité, dans ce cas à la fois spatiale et sociale, lui permettant de totaliser une multiplicité de singularités. La niche normative et spatiale dans laquelle le roi sacré est confiné lui permet d'agir comme condition d'existence de l'assemblage disparate qu'il représente, tout en l'empêchant dans de nombreuses circonstances d'atteindre la position de despote. Le cas de Chipaya dans les Andes boliviennes est également instructif en ce qu'il illustre deux accomplissements complémentaires. D'une part, que les segments d'une minuscule cosmopolitie analogiste peuvent néanmoins être organisés hiérarchiquement, rituellement et symboliquement, tandis que les individus qui les composent restent égaux ; et, d'autre part, que le principe totalisant n'a pas besoin d'être un roi ou un spécialiste des rituels de pluie. Un lieu central, et le sacrifice annuel qui y est accompli, suffisent à transformer en un tout sociocosmique un ensemble d'humains et d'autres qu'humains hétérogènes qui, la plupart du temps, s'ignorent mutuellement. Pourvu que la démographie le permette, un lieu de culte très modeste, et un rituel encore plus modeste, peuvent ainsi remplacer les vastes appareils d'État et l'administration intrusive comme substitut au dynamisme cohésif.

Comme il est apparu tout au long de cet ouvrage, les cosmopolities extramodernes ont beaucoup à apporter à la transformation des concepts et des pratiques de la politique de mondiation. Cette inventivité est d'autant plus remarquable que ces cosmopolities sont contraintes de concevoir de nouvelles formes d'actions collectives pour défendre leur autonomie, généralement contre la menace d'expropriation de leurs terres. Le cas de Sarayaku en est une illustration. Plus haut dans les Andes, les habitants autochtones du sud du Pérou offrent un autre exemple frappant rapporté par Marisol de la Cadena qui décrit une manifestation organisée en décembre 2006 sur la place principale de Cuzco, la *Plaza de Armas*, contre un projet minier affectant une montagne[1]. La plupart des manifestants venaient de villages autochtones situés sur les pentes de la chaîne de montagnes de l'Ausangate, que tous les Amérindiens de la région de Cuzco considèrent comme la plus haute divinité des environs, celle dont l'action, tant négative que positive, est la plus décisive dans la vie des gens. Les manifestants protestaient contre les projets d'octroi de droits d'exploitation à une société minière sur le mont Sinakara, l'un des sommets de la chaîne de l'Ausangate, qui abrite également un sanctuaire érigé au pied d'un glacier où un pèlerinage immensément populaire, le *Qoyllur rit'i*, commémore chaque mois de mai l'apparition miraculeuse de Jésus à un jeune berger d'alpagas. Outre le pèlerinage commun à tous, que certains chercheurs interprètent comme la transcription en termes chrétiens d'un culte indigène plus ancien, certaines communautés accomplissent leurs propres rituels pendant le *Qoyllur rit'i*. Par exemple, le peuple Q'eros fait des offrandes spécifiques à la divinité de la montagne *Apu*, qui réside dans le glacier, et exécute des danses célébrant leurs origines. On comprend donc aisément pourquoi le projet de construction d'une mine sur ce site sacré a pu provoquer un tel émoi.

La nature de ce trouble était évidente du fait que les motivations des manifestants semblaient très diverses : tandis que certains arboraient les banderoles classiques des mobilisations écologiques – non à la mine, non à la destruction

1. Marisol de la Cadena, 2010, p. 338-340.

de l'environnement, protégeons notre patrimoine –, d'autres déployaient les bannières du pèlerinage de *Qoyllur rit'i*, tandis que les danseurs rituels du pèlerinage, avec leurs costumes caractéristiques, se déplaçaient dans la foule. L'interprétation de cette diversité se reflète dans les propos de l'un des interlocuteurs de Marisol de la Cadena, un chamane quechua monolingue vivant dans le village de Pacchanta, au pied de l'Ausangate. Selon lui, les communautés de l'Ausangate s'opposaient au projet car la mine affecterait les pâturages d'altitude fréquentés par leurs alpagas et leurs moutons, mais aussi et surtout parce que l'Ausangate ne tolérerait pas que le mont Sinakara soit attaqué, ce qui l'amènerait à se venger en tuant des gens[1]. La manifestation visait donc aussi à prévenir la colère de l'Ausangate. Un autre interlocuteur de Marisol de la Cadena, également quechua mais diplômé de l'université de Cuzco et maire du village d'Ocongate, sur le territoire duquel se trouvent le mont Sinakara et le sanctuaire de *Qoyllur rit'i*, a fait valoir que la mine aurait un impact négatif sur le tourisme, mais surtout que si les montagnes, qu'il nommait l'une après l'autre, ne recevaient pas le respect qui leur était dû, elles seraient la cause d'accidents imprévus, il était donc de sa responsabilité en tant que maire d'empêcher que de tels accidents ne se produisent.

Il convient de noter que les habitants de la cordillère de l'Ausangate ne sont pas opposés à l'exploitation minière en soi, une activité pratiquée à petite échelle par les paysans andins depuis des siècles, et qui continue de l'être dans

1. M. de la Cadena, *ibid.*, p. 339.

certaines régions. Dans le contexte traditionnel, il s'agit de suivre les veines de minerai en creusant de petites galeries à la dynamite et aux barres à mine, une opération dangereuse non seulement en raison des chutes de pierres, mais aussi à cause de la susceptibilité des esprits des entrailles de la terre, les *diablos*, ou le *Tio* comme on l'appelle dans la région de Potosi, une susceptibilité qui doit être apaisée par des offrandes et une conduite respectueuse[1]. À l'intérieur des montagnes aussi, les hommes doivent essayer de vivre en harmonie avec des puissances habituellement invisibles, et envers lesquelles ils doivent faire preuve de déférence. Les techniques minières utilisées par les multinationales sont bien différentes : elles pratiquent l'exploitation à ciel ouvert par des décapages successifs, qui conduisent rapidement à la destruction complète de la montagne. Alors que l'exploitation par galeries entretient des relations, aussi difficiles soient-elles, avec les êtres qui habitent l'intérieur de la montagne, l'exploitation à ciel ouvert les fait disparaître en même temps que l'abri qui les contient. Outre la dégradation environnementale majeure qu'elles causent, les compagnies minières se rendent aussi coupables d'une destruction sociocosmique. La manifestation sur la place centrale de Cuzco reflétait ce fait : ici se trouvaient réunis des montagnes, et leurs habitants invisibles et puissants, explicitement transformés en sujets politiques et mobilisés par une autre partie du collectif, les

1. Pour une bonne description de la relation des travailleurs autochtones boliviens avec les mines et leurs habitants autres qu'humains, voir Pascale Absi, 2003.

humains, dans des luttes contre l'agression dont ils pouvaient devenir la victime, une agression dont les conséquences affecteraient non seulement les montagnes elles-mêmes, mais tous les éléments humains et autres qu'humains dont le collectif est composé.

Ce n'est pas seulement dans la région de Cuzco que les compagnies minières mettent en péril des assemblages sociocosmiques qui ont survécu à cinq siècles de domination coloniale. Dans son étude des luttes entourant l'expansion de la mine d'or du Cerro Quillish, dans le nord du Pérou, Fabiana Li a constaté que cette montagne de la région de Cajamarca était perçue d'au moins trois manières différentes[1]. Pour la compagnie minière Yanacocha, qui l'exploite depuis 1993, le Cerro Quillish est le gisement d'or le plus riche d'Amérique du Sud. Pour les organisations écologistes et les militants de base qui mènent une lutte constante contre la mine et son expansion, le Cerro Quillish est une nappe aquifère qui alimente les rivières dont les communautés locales et la ville de Cajamarca tirent leur approvisionnement en eau. Cependant, certaines de ces organisations militantes non indigènes ont avancé un argument supplémentaire : pour les populations paysannes qui l'entourent, le Cerro Quillish est également un *Apu*, une divinité, de sorte que cette montagne peut être considérée comme une entité vivante à respecter, plutôt que comme une ressource vitale à protéger ou un atout économique à exploiter. L'idée que le Cerro Quillish est un *Apu* n'a pas été, du moins au départ, directement promue par la

1. Fabiana Li, 2013.

population locale, dont beaucoup sont des convertis évangéliques et ne se définissent pas comme autochtones. L'idée est venue d'un prêtre militant à la tête du mouvement contre l'extension de la mine, qui a voulu ajouter un argument symbolique à l'argument utilitaire de l'aquifère, à savoir que la montagne est un *Apu* dans la « tradition andine », même si une telle qualification ne semblait pas évidente pour les populations locales. En conséquence, le prêtre a été accusé d'être un « faux prophète » qui avait inventé un culte *Apu* qui n'avait jamais existé dans la région. De fait, l'enquête ethnographique de Fabiana Li à Cochapampa, un petit village au pied du Cerro Quillish, a montré que si la montagne n'était pas vraiment perçue comme sacrée, tout l'environnement était considéré comme grouillant d'esprits malveillants, ces derniers étant plus abondants et nuisibles dans les massifs aurifères tels que le Cerro Quillish et dans les sources et ruisseaux qui en émanent. Le statut ontologique de la montagne est donc très instable et circonstanciel – gisement aurifère, réserve d'eau, *Apu*, montagne sacrée, ressource, refuge des mauvais esprits – et aucune de ces stabilisations temporaires sous l'un ou l'autre de ses avatars lors des affrontements autour de la mine ne possède une dimension qui serait plus vraie ou plus authentique qu'une autre. Elle révèle simplement une autre manière dont la montagne devient un sujet politique, en combinaison avec d'autres agents politiques, chaque fois distincts parce que chaque fois coalisés dans un collectif dont le contenu est différent.

Empruntant le terme à la monographie de Catherine Allen sur la communauté de Sonqo, non loin de Cuzco, Marisol de la Cadena suggère d'appeler *tirakuna* les métapersonnes réparties dans la région, un mot hybride composé d'un dérivé de l'espagnol *tierra* et du suffixe pluralisant quechua *kuna*, qu'elle traduit en anglais par « êtres de la terre[1] ». La cosmopolitique des collectifs analogistes andins réintègre désormais les êtres de la terre dans sa pratique et, à la stupéfaction de la gauche léniniste péruvienne comme des modernisateurs de droite et de gauche, elle donne à ces êtres une place prépondérante dans les luttes que mènent les communautés autochtones contre le modèle de développement néo-libéral que l'État s'efforce de promouvoir.

C'est seulement au cours des dix dernières années environ que les analystes ont découvert que la cosmopolitique des collectifs andins, telle qu'elle s'exprime dans les luttes contre l'exploitation minière, ne correspond guère au modèle classique des mouvements sociaux paysans motivés par le désir de récupérer des terres et de lutter contre l'injustice des relations en économie de marché, ou par des revendications exclusivement fondées sur l'autochtonie et l'autonomie culturelle. Pourtant, l'hybridité de cette cosmopolitique, la combinaison qu'elle opère entre des objectifs apparemment uniquement tournés vers le bien-être des humains et la volonté de transformer en sujets politiques un grand nombre de membres non humains du collectif, cette hybridité n'est pas nouvelle. Elle était déjà présente dans les luttes acharnées des années 1960, qui ont opposé les grands propriétaires terriens soutenus par les forces répressives de l'État aux communautés

1. Catherine ALLEN, 1988 ; Marisol DE LA CADENA, 2010, p. 341.

autochtones de toute la région andine, désireuses d'accéder à la terre et considérées comme des paysans révolutionnaires par leurs alliés de la gauche marxiste-léniniste urbaine. L'un des collaborateurs de Marisol de la Cadena en offre un bon exemple. Mariano Turpo, du village de Pacchanta au pied de l'Ausangate et monolingue en quechua, était un leader paysan reconnu de cette époque, un leader audacieux qui organisa une célébration du 1er mai sur la *Plaza de Armas* de Cuzco où il prit la parole, et un homme courageux contraint de fuir les milices des propriétaires terriens en se cachant pendant des semaines dans des grottes[1]. Mais il était aussi un chamane, un *pampamisayuk*, l'un des grades les plus élevés, dont la mission était de servir de médiateur avec les *tirakuna*, les êtres de la terre entourant son village. Malgré l'alliance qu'il avait forgée avec les militants révolutionnaires péruviens, son objectif n'était pas d'instaurer le communisme ou une société sans classes, mais de récupérer les terres de son *ayllu*, largement accaparées par un propriétaire d'hacienda. Et par *ayllu*, Mariano Turpo entendait bien plus que son groupe de parenté. Comme l'a dit Justo Oxa, un autre interlocuteur de Marisol de la Cadena que nous avons entendu précédemment définir l'*ayllu* comme un tissu, l'*ayllu* n'est pas seulement un territoire, « c'est une dynamique où vit toute la communauté des êtres qui existent dans le monde ; cela inclut les humains, les plantes, les animaux, les montagnes, les rivières, la pluie, etc. Tous sont liés comme une famille. Il est important de se rappeler que ce lieu [la communauté] n'est pas

1. M. de la Cadena, *ibid.*,, p. 353.

d'où nous venons, ***c'est qui nous sommes***[1] ». Pour Mariano Turpo, la terre occupée par l'hacienda contre laquelle il se battait « était un *ayllu* depuis l'époque des Incas ». En tolérant l'hacienda comme substitut de l'*ayllu*, Mariano et ses compagnons avaient causé leur abandon par l'*Apu* Ausangate ; pour retrouver une existence pleine et digne, ils devaient affronter le propriétaire terrien. Bien que cela ait pu ressembler à une tentative classique d'expropriation des moyens de production, en particulier aux yeux des militants révolutionnaires, le succès de la lutte contre l'hacienda était bien plus que cela : c'était l'exercice d'une justice cosmopolitique bénéficiant à tous les humains et autres qu'humains du collectif.

Ce type d'événement, et les diverses formes de cosmopolitique que nous avons examinées, du roi sacré shilluk au cosmos forestier kasua en Papouasie-Nouvelle-Guinée, appellent une redéfinition de la politique qui donne à ces assemblages d'humains et d'autres qu'humains, et aux conflits qui les traversent, une expression qui n'est pas encore vraiment reconnue en dehors des cercles savants. Comme l'a bien montré Jacques Rancière, la politique moderne a eu besoin pour exister de bien plus que des divisions entre humains donnant lieu à des affrontements ou à des débats ; elle s'est en réalité fondée sur une partition du sensible entre l'humanité et la nature qui caractérise l'époque moderne, ou, ce qui revient au même, ce que j'ai appelé le naturalisme[2]. Pendant longtemps, cette partition s'est organisée hiérarchiquement entre

1. M. de la Cadena, *ibid.*, p. 354, ma traduction, souligné par l'auteur.
2. Jacques Rancière, 1995.

ceux qui ont plus d'humanité et moins de nature – les Européens, les hommes, les adultes, les lettrés, les possédants – et ceux qui ont moins d'humanité parce qu'ils ont plus de nature – les sauvages, les enfants, les femmes, les fous, les ouvriers –, étant entendu que les premiers doivent avoir une prééminence politique sur les seconds. Cette division a aussi signifié que les mondes qui ne se conforment pas à une telle division hiérarchique, parce qu'ils ne sont pas organisés autour d'une distinction entre l'humanité et la nature, n'existent pas, du moins politiquement.

Mais une autre conception de la politique est possible, précisément celle que Rancière défend lorsqu'il écrit : « La politique n'est pas faite de rapports de pouvoir, elle est faite de rapports de mondes[1]. » Ce qu'il entend par là, c'est d'une part que les rapports de pouvoir existent partout et dans toutes les sphères de la vie, de sorte qu'on voit mal pourquoi l'expression de ces rapports devrait être l'affaire de la seule politique ; mais c'est aussi qu'« un sujet politique, ce n'est pas un groupe qui "prend conscience" de lui-même, se donne une voix, impose son poids dans la société. C'est un opérateur qui joint et disjoint les régions, les identités, les fonctions, les capacités existant dans la configuration de l'expérience donnée[2] ». En ce sens, tout opérateur humain ou non humain est capable de devenir un sujet politique s'il parvient à assembler des choses qui n'ont initialement aucun lien intrinsèque, notamment parce qu'elles appartiennent en

1. J. Rancière, *ibid.*, p. 67.
2. J. Rancière, *ibid.*, p. 65.

apparence à des régimes ontologiques différents. L'Ausangate est un sujet politique parce qu'il connecte les humains, les champs de pommes de terre et les troupeaux ; le roi sacré moundang est un sujet politique, non pas parce qu'il exerce un pouvoir limité sur ses sujets, mais parce qu'il relie la fertilité de la terre et l'autonomie des clans ; la tour de l'église de Chipaya est un sujet politique parce qu'une fois l'an elle raccorde deux moitiés par ailleurs séparées avec l'ensemble des conditions qui rendent leur cohabitation possible ; les territoires de Sarayaku et des Kasua sont des sujets politiques parce qu'ils permettent la connexion des humains, des plantes, des animaux et des esprits dans un réseau de relations interpersonnelles significatives ; le fleuve Whanganui en Nouvelle-Zélande est un sujet politique parce que, grâce à la reconnaissance de sa personnalité juridique à la suite de la demande des habitants maoris de ses rives, il joint tous les habitants de son bassin dans un ensemble significatif[1]. Au lieu de voir dans les revendications des autochtones de Sarayaku, de la région de Cuzco ou des rives du fleuve Whanganui des manifestations de superstitions folkloriques ou infantiles, une position condescendante également partagée par le libéralisme du laissez-faire et par la gauche prométhéenne, il est plus judicieux de se concentrer sur ce qu'elles nous offrent : une formidable stimulation pour repenser les types d'action politique et les modes de vie en commun dans un monde où la plupart des gens auront compris que la nature et la société ne sont plus irrémédiablement séparées.

1. Victor David, 2015.

Remerciements

Le présent ouvrage est la version remaniée des « conférences Tanner » que j'ai données en anglais à l'université de Californie à Berkeley en avril 2023 sous l'intitulé « Cosmopolities : Before, Behind and Beyond the State ». Les « Tanner Lectures on Human Values » ont été fondées par Grace et Obert Tanner dans le courant des années 1970 pour « enrichir la vie morale et intellectuelle de l'humanité » et elles sont données de façon indépendante, surtout par des philosophes et des politistes, dans neuf universités, principalement aux États-Unis. Comme les précédentes conférences Tanner données à Berkeley, les miennes sont publiées en anglais par Oxford University Press, sous le titre *Politics of Worlding*, accompagnées des commentaires formulés par trois universitaires invités à Berkeley pour la circonstance – Adom Getachew, professeure de sciences politiques à l'université de Chicago, Timothy LeCain, professeur d'histoire environnementale à l'université d'État du Montana, et David Wengrow, professeur d'archéologie à University College, Londres – et de mes réponses à ces commentaires. L'édition anglaise comporte en outre une introduction au volume par William Hanks, professeur d'anthropologie linguistique à l'université de Californie à Berkeley. La présente édition en français ne comprend ni ces commentaires ni l'introduction. Je voudrais néanmoins remercier chaleureusement mes commentateurs de m'avoir aidé à préciser mes idées, et William Hanks, un ami de longue date, d'avoir assumé l'édition et la présentation du livre en anglais. Ma gratitude va également au professeur Jay Wallace et au comité des conférences Tanner de Berkeley dont il est vice-président pour m'avoir invité, et à sa présidente de l'époque et chancelière de l'université, Carol T. Christ, pour la chaleur de son accueil.

Références bibliographiques

ABSI, Pascale, 2003. *Les Ministres du Diable. Le travail et ses représentations dans les mines de Potosi, Bolivie*, Paris, L'Harmattan, coll. « Connaissance des hommes ».

ADLER, Alfred, 1977. « Faiseurs de pluie, faiseurs d'ordre », *Libre*, n° 2, p. 45-68.

ADLER, Alfred, 1982. *La mort est le masque du roi. La royauté sacrée des Moundang du Tchad*, Paris, Payot, coll. « Bibliothèque scientifique ».

ADLER, Alfred, 1987. « La guerre et l'État primitif », *in* Miguel ABENSOUR (sous la direction de), *L'Esprit des lois sauvages. Pierre Clastres ou une nouvelle anthropologie politique*, Paris, Éditions du Seuil, p. 95-114.

ALLEN, Catherine, 1988. *The Hold Life Has : Coca and Cultural Identity in an Andean Community*, Washington, Smithsonian Institution Press.

BAER, Gerhard, 1994. *Cosmología y shamanismo de los Matsiguenga (Perú Oriental)*, Quito, Ediciones Abya-Yala.

Balée, William, 1989. « The Culture of Amazonian Forests », *in* Darrell A. Posey et William Balée (sous la direction de), *Resource Management in Amazonia : Indigenous and Folk Strategies*, New York, The New York Botanical Garden, p. 1-21.

Balibar, Étienne, 2022. *Cosmopolitique. Des frontières à l'espèce humaine. Écrits III*, Paris, La Découverte, coll. « L'horizon des possibles ».

Beattie, John, 1971. *The Nyoro State*, Oxford, Clarendon Press.

Beck, Ulrich, 1992 [1986]. *Risk Society : Towards a New Modernity*, Londres, Sage Publications.

Bloom, Paul, 2004. *Descartes' Baby : How the Science of Child Development Explains What Makes Us Human*, New York, Basic Books.

Bonfiglioli, Angelo Maliki, 1988. *DuDal. Histoire de famille et histoire de troupeau chez un groupe de WoDaaBe du Niger*, Cambridge, Cambridge University Press / Paris, Éditions de la Maison des sciences de l'homme.

Brunois, Florence, 2007. *Le Jardin du casoar, la forêt des Kasua. Savoir-être et savoir-faire écologiques*, Paris, CNRS Éditions / Éditions de la Maison des sciences de l'homme, coll. « Chemins de l'ethnologie ».

Bureau, Nicolas, 2021. *À la recherche des rennes. Élevage et chasse en taïga chez les Évènes de Iakoutie*, thèse de doctorat en ethnologie, Paris, École des hautes études en sciences sociales.

Cadena, Marisol de la, 2010. « Indigenous Cosmopolitics in the Andes : Conceptual Reflections beyond "Politics" », *Cultural Anthropology*, vol. 25, n° 2, p. 334-370.

Cadena, Marisol de la, 2015. *Earth Beings : Ecologies of Practice across Andean Worlds*, Durham, Duke University Press.

Camus, Albert, 1943-1944. « Sur une philosophie de l'expression. Compte rendu de l'ouvrage de Brice Parain, *Recherches sur la nature et la fonction du langage*, Gallimard », *Poésie 44*, n° 17, p. 18-25.

CLASTRES, Pierre, 1977*a*. « Archéologie de la violence : la guerre dans les sociétés primitives », *Libre*, n° 1, p. 137-173.

CLASTRES, Pierre, 1977*b*. « Le retour des Lumières », *Revue française de science politique*, vol. 27, n° 1, p. 22-29.

CONDORCET, Nicolas de, 1988 [1795]. *Esquisse d'un tableau historique des progrès de l'esprit humain*, suivi de *Fragment sur l'Atlantide*, Paris, GF Flammarion.

DAVID, Victor, 2015. « Le fleuve Whanganui, sujet de droit : question d'éthique ? », *in* Séverine BLAISE, Carine DAVID et Victor DAVID (sous la direction de), *Le Développement durable en Océanie. Vers une éthique nouvelle ?*, Aix-en-Provence, Publications de l'université de Provence, p. 247-260.

DELAPORTE, Yves, et Marie ROUÉ, 1986. *Une communauté d'éleveurs de rennes. Vie sociale des Lapons de Kautokeino*, Paris, Institut d'ethnologie / musée de l'Homme.

DELEUZE, Gilles, 1953. *Empirisme et subjectivité. Essai sur la nature humaine selon Hume*, Paris, Presses universitaires de France, coll. « Épiméthée ».

DELEUZE, Gilles, et Félix GUATTARI, 1980. *Capitalisme et schizophrénie*, t. II : *Mille plateaux*, Paris, Éditions de Minuit.

DESCOLA, Philippe, 2019 [1986]. *La Nature domestique. Symbolisme et praxis dans l'écologie des Achuar*, nouvelle édition revue et augmentée d'une préface, Paris, Éditions de la Maison des sciences de l'homme.

DESCOLA, Philippe, 1993*a*. « Les affinités sélectives. Alliance, guerre et prédation dans l'ensemble jivaro », *L'Homme*, 126-128, p. 171-190.

DESCOLA, Philippe, 1993*b*. *Les Lances du crépuscule. Relations jivaros, haute Amazonie*, Paris, Plon, coll. « Terre humaine ».

DESCOLA, Philippe, 2005. *Par-delà nature et culture*, Paris, Gallimard, coll. « Bibliothèque des sciences humaines ».

DESCOLA, Philippe, 2010. « Cognition, Perception and Worlding », *Interdisciplinary Science Reviews*, vol. 35, n° 3-4, p. 334-340.

DESCOLA, Philippe, 2014. *La Composition des mondes. Entretiens avec Pierre Charbonnier*, Paris, Flammarion.

DESCOLA, Philippe, 2021. *Les Formes du visible. Une anthropologie de la figuration*, Paris, Éditions du Seuil, coll. « Les livres du nouveau monde ».

DURKHEIM, Émile, 1960 [1912]. *Les Formes élémentaires de la vie religieuse. Le système totémique en Australie*, Paris, Presses universitaires de France.

DURKHEIM, Émile, 1918. « Le *Contrat social* de Rousseau », *Revue de métaphysique et de morale*, vol. 25, p. 129-161.

DURKHEIM, Émile, 1996 [1924]. *Sociologie et philosophie*, Paris, Presses universitaires de France, coll. « Quadrige ».

DWYER, Peter D., 1996. « The Invention of Nature », *in* Roy ELLEN et Katsuyoshi FUKUI (sous la direction de), *Redefining Nature : Ecology, Culture and Domestication*, Oxford, Berg, p. 157-186.

ECHEVERRI, Juan Álvaro, 2005. « Territory as Body and Territory as Nature : Intercultural Dialogue ? », *in* Alexandre SURRALLÉS et Pedro GARCÍA HIERRO (sous la direction de), *The Land Within : Indigenous Territory and the Perception of the Environment*, Copenhague, International Work Group for Indigenous Affairs, p. 230-247.

EVANS-PRITCHARD, Edward E., 1940. *The Nuer : A Description of the Modes of Livelihood and Political Institutions of a Nilotic People*, Oxford, Clarendon Press.

EVANS-PRITCHARD, Edward E., 1948. *The Divine Kingship of the Shilluk of the Nilotic Sudan : The 1948 Frazer Lecture*, Cambridge, Cambridge University Press.

FIJN, Natasha, 2011. *Living with Herds : Human-Animal Coexistence in Mongolia*, Cambridge, Cambridge University Press.

FRAZER, James G., 1922. *The Golden Bough : A Study in Magic and Religion (abridged edition)*, Londres, Macmillan.

GAUCHET, Marcel, 1977. « La dette du sens et les racines de l'État. Politique de la religion primitive », *Libre*, n° 2, p. 5-43.

GIBSON, Thomas, 1986. *Sacrifice and Sharing in the Philippine Highlands : Religion and Society among the Buid of Mindoro*, Londres, Athlone Press.

GRAEBER, David, 2011. « The Divine Kingship of the Shilluk : On Violence, Utopia, and the Human Condition, or, Elements for an Archaeology of Sovereignty », *HAU : Journal of Ethnographic Theory*, vol. 1, n° 1, p. 1-62.

GRAEBER, David, et Marshall SAHLINS, 2017. *On Kings*, Chicago, HAU Books.

HAGE, Ghassan, 2012. « Critical Anthropological Thought and the Radical Political Imaginary Today », *Critique of Anthropology*, vol. 32, n° 3, p. 285-308.

HÉRITIER-IZARD, Françoise, 1973. « La paix et la pluie. Rapports d'autorité et rapport au sacré chez les Samo », *L'Homme*, vol. 13, n° 3, p. 121-138.

HEUSCH, Luc DE, 1987. « L'inversion de la dette (propos sur les royautés sacrées africaines) », *in* Miguel ABENSOUR (sous la direction de), *L'Esprit des lois sauvages. Pierre Clastres ou une nouvelle anthropologie politique*, Paris, Éditions du Seuil, p. 41-60.

HOCART, Arthur Maurice, 1927. *Kingship*, Oxford, Oxford University Press.

HOCART, Arthur Maurice, 1970 [1936]. *Kings and Councillors : An Essay in the Comparative Anatomy of Human Society*, introduction de Rodney Needham, Chicago, University of Chicago Press.

HOWELL, Signe, 1989 [1984]. *Society and Cosmos : Chewong of Peninsular Malaysia* (2e éd.), Chicago, University of Chicago Press.

HUSSERL, Edmund, 1959. *Erste Philosophie (1923-1924)*, t. II : *Theorie der phänomenologischen Reduktion*, La Haye, Martinus Nijhoff.

JACKSON, Jean, 1983. *The Fish People. Linguistic Exogamy and Tukanoan Identity in Northwest Amazonia*, Cambridge, Cambridge University Press.

KELLY, Raymond C., 1985. *The Nuer Conquest : The Structure and Development of an Expansionist System*, Ann Arbor, University of Michigan Press.

KEMLIN, Émile, 1999. *Les Reungao. Rites agraires, songes et alliances : une société proto-indochinoise du Viêt Nam au début du XXe siècle*, textes réunis et présentés par Pierre Le Roux, Paris, École française d'Extrême-Orient, coll. « Réimpressions de l'École française d'Extrême-Orient », n° 11.

KOHN, Eduardo, 2013. *How Forests Think : Toward an Anthropology beyond the Human*, Berkeley, University of California Press.

KRIGE, Eileen Jensen, et Jack D. KRIGE, 1943. *The Realm of a Rain-Queen : A Study of the Pattern of Lovedu Society*, Oxford, Oxford University Press.

LATOUR, Bruno, 1991. *Nous n'avons jamais été modernes. Essai d'anthropologie symétrique*, Paris, La Découverte.

LATOUR, Bruno, 1999. *Politiques de la nature. Comment faire entrer les sciences en démocratie*, Paris, La Découverte.

LATOUR, Bruno, 2007. « Quel cosmos ? Quelles cosmopolitiques ? », *in* Jacques LOLIVE et Olivier SOUBEYRAN (sous la direction de), *L'Émergence des cosmopolitiques*, Paris, La Découverte, p. 69-84.

LEFORT, Claude, 1987. « L'œuvre de Clastres », *in* Miguel ABENSOUR (sous la direction de), *L'Esprit des lois sauvages. Pierre Clastres ou une nouvelle anthropologie politique*, Paris, Éditions du Seuil, p. 183-209.

LÉVI-STRAUSS, Claude, 1943. « Guerre et commerce chez les Indiens de l'Amérique du Sud », *Renaissance*, vol. 1, n° 1-2, p. 122-139.

LÉVI-STRAUSS, Claude, 1962. *Le Totémisme aujourd'hui*, Paris, Presses universitaires de France, coll. « Mythes et religions ».

LÉVI-STRAUSS, Claude, 2016. *De Montaigne à Montaigne*, Paris, Éditions de l'École des hautes études en sciences sociales.

LI, Fabiana, 2013. « Relating Divergent Worlds : Mines, Aquifers and Sacred Mountains in Peru », *Anthropologica*, vol. 55, n° 2, p. 399-411.

LIENHARDT, Godfrey, 1954. « The Shilluk of the Upper Nile », *in* Daryll FORDE (sous la direction de), *African Worlds : Studies in the Cosmological Ideas and Social Values of African Peoples*, Oxford, Oxford University Press, p. 138-163.

LIENHARDT, Godfrey, 1961. *Divinity and Experience : The Religion of the Dinka*, Oxford, Clarendon Press.

LLOYD, Geoffrey E.R., 2010. « History and Human Nature : Cross-cultural Universals and Cultural Relativities », *Interdisciplinary Science Reviews*, vol. 35, n° 3-4, p. 201-214.

MAUSS, Marcel, 1969. *Œuvres*, t. II : *Représentations collectives et diversité des civilisations*, Paris, Éditions de Minuit.

MÉTRAUX, Alfred, 1935-1936. « Les Indiens Uro-Čipaya de Carangas », *Journal de la Société des américanistes*, vol. 27, n° 1 et 2, vol. 28, n° 1 et 2, p. 111-128, 325-415, 155-207 et 337-394.

MIDDLETON, John F., 1979. « Rites of Sacrifice among the Lugbara », *Systèmes de pensée en Afrique noire*, n° 4, p. 175-182.

NEEDHAM, Rodney, 1963. « Introduction », *in* Émile DURKHEIM et Marcel MAUSS, *Primitive Classification*, Londres, Cohen & West.

PEDERSEN, Morten A., 2007. « Multiplicity without Myth : Theorizing Darhad Perspectivism », *Inner Asia*, vol. 9, n° 2, p. 311-328.

RANCIÈRE, Jacques, 1995. *La Mésentente. Politique et philosophie*, Paris, Galilée.

REICHEL-DOLMATOFF, Gerardo, 1973. *Desana. Le symbolisme universel des Indiens Tukano du Vaupés*, Paris, Gallimard.

RENARD-CASEVITZ, France-Marie, 1985. « Guerre, violence et identité à partir de sociétés du piémont amazonien des Andes centrales », *Cahiers Orstom (série Sciences humaines)*, vol. 21, n° 1, p. 81-98.

RENARD-CASEVITZ, France-Marie, 1991. *Le Banquet masqué. Une mythologie de l'étranger chez les Indiens Matsiguenga*, Paris, Lierre & Coudrier.

RIAD, Mohamed, 1953. « Some Observations of a Fieldtrip among the Shilluk », *Wiener Völkerkundliche Mitteilungen*, n° 3, p. 70-78.

RICKERT, Heinrich, 1997 [1899]. *Science de la culture et science de la nature*, suivi de *Théorie de la définition* (traduit de l'allemand par Anne-Hélène Nicolas), Paris, Gallimard, coll. « Bibliothèque de philosophie ».

ROUSSEAU, Jean-Jacques, 1762. *Du Contrat social, ou Principes du droit politique*, Amsterdam, chez Marc Michel Rey.

SAHLINS, Marshall, 1972. *Stone Age Economics*, Chicago, Aldine-Atherton.

SAHLINS, Marshall, 2008. « The Stranger-King, or Elementary Forms of the Politics of Life », *Indonesia and the Malay World*, vol. 36, n° 105, p. 177-199.

SELIGMAN, Charles Gabriel, 1911. « The Religion of the Pagan Tribes of the White Nile », *Africa*, vol. 4, n° 11, p. 1-21.

SELIGMAN, Charles Gabriel, et Brenda Z. SELIGMAN, 1932. *Pagan Tribes of the Nilotic Sudan*, Londres, George Routledge & Sons.

STENGERS, Isabelle, 1996. *Cosmopolitiques 7. La guerre des sciences*, Paris, La Découverte / Les Empêcheurs de penser en rond.

STÉPANOFF, Charles, 2019. *Voyager dans l'invisible. Techniques chamaniques de l'imagination*, préface de Philippe Descola, Paris, La Découverte / Les Empêcheurs de penser en rond.

STÉPANOFF, Charles, 2020. « Des inégalités inégales. Richesses, hiérarchie et cosmopolitique en Asie septentrionale », *L'Homme*, n° 234-235, p. 267-290.

TARDE, Gabriel, 1999 [1893]. *Monadologie et sociologie*, Paris, Les Empêcheurs de penser en rond.

VIVEIROS DE CASTRO, Eduardo, 1996. « Os pronomes cosmológicos e o perspectivismo ameríndio », *Mana*, vol. 2, n° 2, p. 115-144.

VIVEIROS DE CASTRO, Eduardo, 2009. *Métaphysiques cannibales. Lignes d'anthropologie post-structurale* (traduit du portugais par Oiara Bonilla), Paris, Presses universitaires de France, coll. « Métaphysiques ».

WACHTEL, Nathan, 1990. *Le Retour des ancêtres. Les Indiens Urus de Bolivie (XXe-XVIe siècle). Essai d'histoire régressive*, Paris, Gallimard, coll. « Bibliothèque des sciences humaines ».

WAGNER, Roy, 1981 [1975]. *The Invention of Culture*, Chicago, University of Chicago Press.

WANG, Mingming, 2012. « All under Heaven (*tianxia*). Cosmological Perspectives and Political Ontologies in Pre-Modern China », *HAU : Journal of Ethnographic Theory*, vol. 2, n° 1, p. 337-383.

WEISS, Gerald, 1975. *Campa Cosmology : The World of a Forest Tribe in South America*, New York, American Museum of Natural History, coll. « Anthropological Papers », vol. 52, partie 5.

WOLF, Eric R., 1988. « Inventing Society », *American Ethnologist*, vol. 15, n° 4, p. 752-761.

ZUIDEMA, Tom, 1964. *The Ceque System of Cuzco : The Social Organization of the Capital of the Inca*, Leyde, E.J. Brill.

Table

RÉALISATION : NORD COMPO À VILLENEUVE-D'ASCQ
IMPRESSION : NORMANDIE ROTO IMPRESSION À LONRAI
DÉPÔT LÉGAL : OCTOBRE 2025. N° 156044 (2503405)
IMPRIMÉ EN FRANCE